新潮文庫

奇跡の人
ヘレン・ケラー自伝

ヘレン・ケラー
小倉慶郎訳

本書をアレクサンダー・グラハム・ベル博士に捧《ささ》げる。

博士は聴覚障害者の教育に尽くされ、
電話の発明により、
大西洋からロッキー山脈まで声が届くことを
可能にされた方である。

奇跡の人　ヘレン・ケラー自伝

第一章

いま、自分の半生を書きはじめるにあたって、一抹の不安を感じている。幼少時代の記憶は金色の霧に覆《おお》われていて、そのベールを剝《は》ぐことに、迷信めいたためらいを覚えるのだ。自伝を書くというのは、容易な作業ではない。はるか昔の思い出を整理しようとすると、過去から現在までの長い年月の中で、事実と空想の見分けがつかなくなっているのに気づく。大人というのは、子ども時代の経験を空想で色付けしてしまうからなのだろう。幼い時の記憶で、はっきりと思い起こせるのはわずかで、あとは音も光もない暗闇《くらやみ》の世界の影に隠れてしまっている。その上、子ども時代の喜び、悲しみの多くは、その当時の痛切な思いが消えうせており、また、幼い時に受けた教育の重要な出来事も、すばらしい発見の感激に埋もれ、忘れてしまったものが多い。だから、この物語が長く退屈にならないためにも、一番印象に残り、大切だと思えるエピソードだけを書いていきたい。

私は、一八八〇年六月二十七日、米国南部、アラバマ州の北にある、タスカンビアという小さな町に生まれた。

父方はスイス系で、曾祖父《そうそふ》カスパー・ケラーが移民として米国に渡り、メリーランド州に定住したのがそもそものはじまりである。スイスの先祖の中には、チューリッヒで最初の聴覚障害者の教師となり、その教育について本を書いた人がいた。これは不思議な偶然のように思える。もっとも、王様といえども祖先をさかのぼれば奴隷《どれい》がいるものだし、奴隷だって先祖には王様がいるというから、特筆すべきことではないのかもしれないが。

移民として米国にやってきた、このカスパー・ケラーの息子が、父方の祖父である。祖父はアラバマで広大な農地を取得、この地に落ち着いた。祖父は年に一度、農園で必要なものを買うため、馬に乗って、タスカンビアからはるばるフィラデルフィアまで行ったそうだ。祖父が家族に宛《あ》てた手紙の多くは、現在ではおばが所有しているが、そこには、長い旅の出来事が、魅力的に生き生きと描かれている。

ラファイエットは、アメリカ独立戦争（一七七五―八三）を助けたフランスの軍人だが、父方の祖母は、その副官アレクサンダー・ムーアの娘だった。また祖母は、植民地時代のバージニアの総督、アレクサンダー・スポッツウッドの孫にあたり、南北戦争（一八六一—六五）時の南軍総司令官、リー将軍のまたいとこでもあった。父アーサー・H・ケラーは、南軍の大尉《たいい》で、後妻だった私の母ケイト・アダムズは、父よりもずっと年下だった。母方の曾祖父ベンジャミン・アダムズは、スザンナ・E・グッドヒューという女性と結婚したあと、マサチューセッツ州のニューベリーに長く住んでいた。その息子、つまり母方の祖父にあたるチャールズ・アダムズは同州ニューベリーポートに生まれ、それから南部アーカンソー州のヘレナに移った。南北戦争が起こると、南軍側について戦い、少将につぐ准将《じゅんしょう》にまで昇進した。エベレット家といえば、ハーバード大学総長を務めたエドワード・エベレットや著名な牧師、エドワード・エベレット・ヘール博士を輩出した名門であるが、祖父チャールズは、そのエベレット家の子女、ルーシー・ヘレン・エベレットと結婚。南北戦争後は、米国南部テネシー州のメンフィスに住んだ。

　私は、熱病のために視力と聴力が失われるまで、大きい真四角の部屋と、使用人が寝る小さい部屋の二部屋しかない、手狭な離れに住んでいた。南部では、屋敷のそばに離れを建て、折に触れて使うのが慣習である。父はこの離れを南北戦争後に建て、母と結婚してから住んでいた。離れは、ブドウのつる、つるバラ、スイカズラでびっしりと覆われていて、庭からは、まるで休憩用のあずまやのように見えた。小さな玄関は、黄色いバラとクサナギカズラのかげに隠れ、ハチドリやミツバチのお気に入りの場所となっていた。

ケラー家の母屋《おもや》は、離れのすぐ近くにあり、「アイビー・グリーン」と呼ばれていた。建物も、周りに植えられた木々も柵《さく》も見事なアイビー（ツタ）で覆われていたからだ。ここの昔風の庭園が、子どもの頃の私には楽園だった。

サリバン先生が来る以前から、私は、四角に刈り込んである、堅いツゲの生垣につかまって手探りで歩き、咲きはじめのスミレやユリの花を、匂《にお》いをたよりに見つけていた。癇癪《かんしゃく》を起こしたあと、安らぎを求めてこの花園に行き、冷たい木の葉や草の中にほてった顔をうずめたものだ。この花の咲く庭で、我を忘れて楽しい気分で歩き回るのは、何と面白かったことだろう。あちこち歩き回っていると、ふいに美しいブドウの木に突き当たる。目が見えなくとも、私には葉や花でそれとわかった。そして、このブドウの木のつるが、庭のはずれにある、くずれかけたあずまやを覆っていることも私にはわかっていた。ここでは、クレマチスやジャスミンのつるも、長く垂れ下がっている。また、繊細な花びらがチョウの羽に似ていることからその名がついたバタフライ・リリーという、甘い香りの、めずらしい花も咲いている。しかし、何といってもバラが一番愛らしかった。米国北部の温室では、南部のわが家にあるような、心なごむつるバラに出会ったことがない。バラは、玄関から、花の帯のように垂れ下がり、土の匂いをかき消し、あたりをバラの香りで満たしていた。また、早朝に露で洗われたバラは、触ると、とても柔らかくて清潔で、天国の花園に咲くというアスポデロスの花を思わせた。

私の誕生は、ふつうの赤ん坊と何の違いもない、ありふれたものだった。どこの家でもはじめての子どもがそうであるように、すぐに一家の中心におさまった。名前を決めるのにも、お決まりの騒ぎがあったらしい。「最初の子どもの名前は軽々しく決めてはいけない」とみんなが譲らなかったのだ。父は、尊敬するご先祖様の名前にあやかって、ファースト・ネームとミドル・ネームをミルドレッド・キャンベルにするべきだと言ったきり、話し合いに加わろうとしなかった。最後に母が、「私の母親の結婚前の名前、ヘレン・エベレットにしましょう」と提案し、ようやく話がまとまった。ところが、父は、私を教会に連れて行くごたごたの中で、つけるべき名前を忘れてしまった。もともと賛成しなかった名前だから無理もない。牧師に聞かれて、母方の祖母の名前に決めたことを思い出し、祖母の結婚後の名前、ヘレン・アダムズと答えてしまった。そういうわけで私の正式名は、ヘレン・エベレット・ケラーではなく、ヘレン・アダムズ・ケラーとなったのである。

私は赤ん坊の頃から、好奇心が強く自己主張の強い子どもで、人がすることは何でもまねしないと気がすまなかったらしい。生後六ヶ月で「こんにちは（How d'ye?）」と言い、ある時など、はっきりと「ティー、ティー、ティー（Tea, tea, tea）」と発音してみせ、みんなを驚かせたという。熱病のために口が利《き》けなくなったあとでも、この頃覚えた単語のひとつを忘れなかった。「ウォーター（water）」である。ことばを話せなくなってからも「ウォーター」のつもりで「ウォーウォー」といい続けていた。「ウォーター」という単語を指文字で綴《つづ》れるようになってやっと、「ウォーウォー」というのをやめたのだ。

満一歳の誕生日に、私は歩き始めたという。母が私をお風呂《ふろ》の浴槽から抱きあげ、ひざの上にのせていた時、なめらかな床に日が射《さ》しこみ、日の光の中で木の葉の影がひらひらと舞うのが目にはいった。突然、私は、母のひざからすべり降りて、影のところまで走り寄ろうとした。ところが急にその気が失《う》せ、転んでしまい、大声で泣いて母が抱き上げてくれるのを待ったのだった。

この幸せな日々は、長くは続かなかった。コマドリとマネシツグミの鳴く短い春が過ぎ、果物とバラがあふれる夏が来た。そして、黄金と真紅の秋が通り過ぎた。どの季節も、好奇心旺盛《おうせい》で幸せな子どもの足もとに、それぞれの贈り物を残していった。

それから冬になり、陰鬱《いんうつ》な二月に、熱病がやって来た。この熱病のために、目からは光が、耳からは音が奪われ、新生児のような意識のない状態に陥《おちい》ったのだ。胃と脳の「急性鬱血」だったという。医者は、もう助からないと考えた。けれども、不思議なことに、突然でた熱は、ある朝早く突如として引いた。その朝、家族は喜びに包まれた。しかし、医者でさえも、その時、私が二度と見ることも聴くこともできなくなっていたとは知る由《よし》もなかった。

熱病のときの記憶は、いまだに混乱しているように思う。それでも、目が覚めて、苛立《いらだ》ちと痛みを訴えた時、母がやさしくなだめてくれたのを覚えている。寝返りを打ちながらうつらうつらしていると、激痛で目を覚ます。目が乾いて熱いので、以前はあんなにも好きだった光を避け、壁の方へ目を向ける。光はかすかでおぼろげで、日に日に消えてゆくように思えた。けれども、この束《つか》の間の記憶――これが記憶と呼べるのなら――を除けば、すべてが非現実的で、悪夢のようだった。私は徐々に、自分を取り巻く静けさと暗闇に慣れていき、以前の状態を忘れてしまった。そこに、サリバン先生がやって来て私の心を解放してくれたのだ。それでも、生まれてから一歳七ヶ月になるまで、私の目には、広い緑の草原と、光り輝く空と、木々や花々が映っていた。その後、おとずれた暗闇も、完全にこの光景を消すことはできなかった。一度目にした一日とその景色は、永遠に私たちのものとなるのである。

第二章

熱が引いてから数ヶ月のことは、何も覚えていない。ただ、母のひざに座っていたこと、母が家事をしている時にスカートにまとわりついていたことだけは記憶に残っている。私は、手であらゆる物に触れ、その動きを感じ取ることで、多くのことを知るようになった。しばらくすると、人に意志を伝える必要性を感じ、簡単な身ぶりで合図をするようになった。「いいえ」は首を横に振り、「はい」はうなずく。「来て」は手を引き、「行って」は手を押す。パンが食べたい時は、パンをスライスしバターを塗るまねをする。夕食のとき、母にアイスクリームを作ってもらいたい場合は、アイスクリーム製造器を動かすまねをし、体を震わせて「冷たい」ものであることを伝える。さらに、母の努力で、私はいろいろなことがわかるようになった。母が何かを取ってきて欲しいと思った時は、いつもすぐにわかった。二階でもどこへでも、母の指示する場所へ走っていった。長い暗闇に、明るい光がともったのは、賢明で愛情あふれる母のおかげである。

私は身の周りの出来事をかなり理解できた。五歳の時には、洗濯場から返ってきた洗濯ものをたたんで片付けることを覚えた。自分のものとそれ以外のものを区別することもできた。母やおばが外出する時は、服装の違いでわかったから、いつも、「わたしも連れて行って」とだだをこねた。来客があるとかならず呼ばれ、お客が帰るときは片手を振ってさよならをする。この身ぶりの意味は何となく覚えていたのだろう。ある日、数人の紳士が母を訪ねてきた。玄関のドアが閉まる気配や来客で騒がしくなったのを感じたのである。私は突然思いついて、あっというまに二階へかけ上がった。よそ行きのドレスに着替えようと思ったのだ。鏡の前に立ち、大人のまねをして、髪にオイルをつけ、顔にはおしろいを厚く塗った。そして、頭からベールをかぶり、ピンで留める。すると、ベールで顔は隠れてしまい、そのひだは肩の上に垂れかかった。それから、細い腰のまわりに大きな腰当てを締めたから、後ろの方でスカートのすそまで垂れ下がるあり様だった。こんな格好で私はお客を楽しませようと階段を下りていったのだ。

自分が周りの人と違うことに気づいたのはいつ頃だっただろうか。はっきりは覚えていない。ただ、サリバン先生が来るまでにはわかっていたのは確かである。母や私の友人たちが、何かを頼む時、私のように身ぶりを使っていないのに気づいていた。口で話しているのだ。誰かふたりが会話をしている時、その間に立って、それぞれの唇に触ってみることもあった。だが、何だかわからずいらいらする。自分も唇を動かし一生懸命まねてみるが、うまくいかない。それで腹が立って、くたびれるまで蹴《け》とばし、大声でわめくこともあった。

自分が悪いことをしているのはわかっていたと思う。私が蹴ると、子守り役のエラが痛がるのを知っていたからだ。怒りの嵐《あらし》が静まると、後悔に似た気持ちが湧《わ》いてくる。けれども、自分の思い通りにならないと、こりずに癇癪をくり返すのだった。

この頃いつも一緒に遊んだのは、わが家の料理係の子どもで、マーサ・ワシントンという黒人の少女と年老いたセッター犬のベルである。ベルは、昔は立派な猟犬だったという。マーサは私の身ぶりをわかってくれたので、ほとんど私の思い通りに動いてくれた。マーサを家来にして得意になっていたのである。マーサは、たいてい私の横柄《おうへい》な命令に従い、取っ組み合いのけんかになるようなことはなかった。私は、力も強く活発で、どうなろうと気にかけない。自分が何をしたいのか十分にわかっていて、何がなんでも自分の思いを通したのである。マーサと私はよく台所で遊んだ。パン生地をこねたり、アイスクリーム作りを手伝ったり、コーヒー豆を挽《ひ》いたりする。ケーキ作りのボウルをめぐってけんかをしたり、勝手口に群がっているニワトリや七面鳥にえさをやったりもした。ニワトリも七面鳥も、みなよく馴《な》れていて、私の手からえさを食べ、触っても逃げようとしなかった。ある日、一羽の大きな七面鳥のオスが、私からトマトをひったくって逃げていった。そして、たぶんこの七面鳥の親分の成功に刺激を受けたのだろう、マーサと私は、料理係が仕上げの粉砂糖をふりかけたばかりのケーキを盗み、薪《まき》の山のところまで持って行き、ぺろりと平らげてしまった。その後、罰があたったのか、私はひどく体調を崩したが、あの七面鳥も同じ目にあったのだろうか。

ホロホロチョウという鳥は、人目のつかないところに巣を作るのが好きだ。その卵を取るため、背の高い草むらの中を探すのが、私の大きな楽しみのひとつだった。マーサにはことばでは伝えることができなかったから、この「卵探し」をしたくなると、両手でこぶしを握って、それを地面につけた。「草むらにある丸いもの」という意味だ。マーサはいつもそれでわかった。そして運良く卵を見つけても、私はマーサが家まで持って帰ることを許さなかった。「卵を落として割ってしまうといけないから」と、一生懸命身ぶりを使って説得したのである。

トウモロコシが貯蔵されている納屋《なや》、馬小屋、そして朝夕、牛の乳搾《ちちしぼ》りをする囲いの中に、私たちはいつも興味をそそられた。乳搾りをしている間、両手をずっと牛にあてさせてもらったが、好奇心旺盛な私は、よく牛のしっぽでピシリと叩《たた》かれた。

　クリスマスの準備は、いつも楽しみだった。もちろんクリスマスの意味などは知らない。しかし、家の中に快い香りがあふれ、おとなしくしているよう、おやつがもらえたことがうれしかった。悲しいことに私たちふたりは邪魔者だったのだ。だからといって、楽しみを奪われたわけではない。香辛料を挽き、干しブドウの選別をする手伝いをし、かき混ぜるのに使ったスプーンをなめさせてもらったりした。そしてみんなと同じように、私も靴下をぶら下げた。けれども、特にそのことに興味を持ったとか、夜明けが待ちきれずに目を覚まし、プレゼントを探したというような記憶はない。

　マーサも私もいたずらが大好きだった。ある七月の暑い午後、ふたりの女の子がベランダの階段にすわっていた。ひとりは黒人の少女。縮れた髪の毛を少しずつ束にして靴ひもで縛っていて、頭から、ボトルのコルク抜きがたくさん突き出ているかのようだ。もうひとりは、白人で、ブロンドの長い巻き毛の子。ひとりは六歳で、もうひとりは、二、三歳年上。もちろん六歳の目が見えない子が私で、年上の子がマーサだ。

　私たちは、はさみで紙人形を切り抜く遊びに夢中だった。だがやがて飽きてしまうと、今度は自分たちの靴ひもを切り、手が届く範囲にあるスイカズラの葉をすべて切り落とした。そして次に私が興味をもったのが、マーサのコルク抜きのような髪だ。はじめ、マーサは抵抗したが、とうとうあきらめた。私のいたずらが終わると、マーサは、お返しとばかりにハサミを奪い取り、私の巻き毛をひとつ切り落とした。その時ちょうど母が止めてくれたからよかったものの、あやうく丸坊主《まるぼうず》になるところだった。

もう一人の遊び友だちは、犬のベルだ。しかしベルは老犬で動作がのろい。私と遊びまわるよりも暖炉のそばで寝ているほうが好きだった。私流の手まねことばを教えようとしても、反応が鈍く、やる気も見せない。だが、時には跳び起きて、興奮して震え、からだを硬直させた。猟犬は、獲物の鳥を見つけた時にはそのような姿勢を取るのだが、その時は、なぜベルがそんなことをするのか見当もつかなかった。私の思い通りに動いてくれないことは確かだった。だからいらいらして、このレッスンはいつも、一方的なボクシングの試合のようになってしまう——ベルは頭を上げると、ものうげに体を伸ばす。そして、一、二度軽蔑《けいべつ》したように鼻を鳴らし、暖炉の向こう側に行ってまた寝そべる。私はうんざりし、がっかりして、マーサを探しに行くのだった。

この頃の出来事の多くは、私の記憶に焼きついている。断片的だが、はっきりと脳裏に残っていて、音もなく、あてどない、暗闇《くらやみ》の日々がいっそう痛切に思い起こされる。

ある日、私はエプロンに水をこぼしてしまい、居間の暖炉の前で、それをひろげて乾かそうとした。暖炉の火はちらちらと燃えているだけで、思うように乾かない。そこで暖炉に近寄り、エプロンを熱い灰の真上にかざした。すると、火はとつぜん燃え上がった。炎が私を取り囲み、あっという間に洋服が燃え始めた。悲鳴を聞きつけて、年配の子守役、バイニーが助けに駆けつけてくれた。からだに毛布をすっぽりかぶせられたので、あやうく窒息するところだった。だが火は消えた。両手にやけどをし、髪の毛は焼けたが、それ以外はたいしたやけどもせずに済んだ。

この頃、私はカギの使い方を覚えた。ある朝、母が食料庫に入っている間に、ドアにカギをかけた。使用人たちは食料庫とは離れたところにいたので、母は三時間も中から出られなかった。その間、私は戸口の階段のところに座り、母がドンドンとドアを叩く振動を感じながら、うれしさのあまり声を上げて笑っていたのだ。この悪質ないたずらがきっかけで、両親はできるだけ早く私の教育を始めなければならないと決心したのである。その後、サリバン先生が来ると、私は早速、先生を部屋に閉じ込めようと、チャンスをうかがった。母から何かを先生に渡すように頼まれ、それを持って二階に上がった。そして頼まれたものを先生に渡した瞬間、バタンとドアを閉めカギをかけた。カギは、廊下の洋服ダンスの下に隠した。私がカギの隠し場所を言おうとしなかったので、父ははしごをもってきて、窓から先生を助け出さなければならなかった。愉快でたまらなかった。カギを取り出したのは、それから数ヶ月ののちのことである。

五歳になったころ、私たちはつるに覆《おお》われた小さな家から、新しい大きな屋敷へ移った。家族は父と母、それに腹違いの兄がふたり。やがてそれに妹のミルドレッドが加わった。父について、はっきりと思い出せる一番古い記憶はこうだ。新聞の山をかきわけて父のそばに行く。父はひとりで、顔の前に一枚の紙を広げている。いったい何をしているのか、とても不思議に思い、父の眼鏡までかけてまねをしてみた。そうすれば謎《なぞ》が解けるのでは、と考えたのだ。だが謎の解明までは、あと数年待たなければならなかった。ついにわかったのは、この紙が新聞であったこと、そして父がその編集をしていることだった。

父はとてもやさしく、子煩悩《ぼんのう》で、家庭を大切にする人だった。狩りの季節以外は、ほとんど家にいた。狩りの腕は素晴らしく、鉄砲の名手だったと聞いている。猟犬と銃を、家族の次に愛した。人をもてなすのが好きで、度が過ぎているほどだった。家に帰るときは、ほとんどいつも客人を連れて来たのだから。父の自慢は、わが家の大きな庭だ。父は、この地方で一番見事なスイカとイチゴを作ると言われていて、私に初なりのブドウや選りすぐりのイチゴを持ってきてくれた。木々の間を、またブドウの木から木へと手を引いてくれた時の、やさしい手のぬくもりは忘れられない。私が喜ぶことなら何でも、一緒に心の底から喜んでくれた父だった。

父の物語りのうまさは有名だった。私がことばをわかるようになってからは、不器用な手つきで私の手に字を綴《つづ》り、とっておきの面白い話を聞かせてくれた。それから、折を見て私にその話を繰り返させるのが、父の何よりの楽しみだった。

一八九六年、私が十六歳の時。北部で、夏の最後の素晴らしい日々を楽しんでいた時に、父の死の知らせを受けた。病に臥《ふ》せてからすぐに亡《な》くなり、ひどく苦しんだのはほんのわずかな時間だったという。生まれてはじめて味わう大きな悲しみだった。身近な人の死を経験したのはこれがはじめてだった。

母についてはどのように書いたらいいのだろう？　母は、あまりにも身近な存在であるから、いまは語れそうにない。

妹のことは、長い間、「不法侵入者」だと思っていた。妹が生まれてから、母の愛情を独り占めできなくなったことには気づいていた。そして、私は嫉妬《しっと》のかたまりになった。妹はいつも母のひざの上に座っていて、私はもうそこには座れなかった。妹は、母の愛情と時間を独占しているように思えたのである。ある日、この嫉妬の火に油を注ぐような出来事が起こった。

その頃、いつも引きずり回していたお気に入りの人形があった。あとでナンシーと名付けた人形である。ナンシーは、私の癇癪《かんしゃく》の爆発と愛情のあわれな犠牲者となりぼろぼろになっていた。ほかにも、話したり、泣いたり、目を開いたり閉じたりする人形をいくつか持っていたが、ナンシーほど溺愛《できあい》した人形はない。ナンシー用のゆりかごまであった。私は細心の注意を払ってナンシーをゆりかごに入れ、一時間以上揺すってやることもたびたびだった。私は細心の注意を払ってナンシーとゆりかごを守っていた。ところがある時、そのゆりかごの中で妹がすやすやと眠っているではないか。この時はまだ、妹に対する愛情などなかったから、このずうずうしい態度に私の怒りは爆発した。ゆりかごに突進し、ひっくり返してしまったのだ。事態に気づいた母が落ちる妹を抱きかかえなかったら、妹は死んでいたかもしれない。このように、人は、光も音もない「孤独の谷間」を歩く時、あたたかい愛情というものを知らないのである。愛情とは、愛にあふれることばや行為に接し、人と心が結ばれてはじめて芽生えるものだからだ。けれども、私がことばを知り人間性を取り戻してからは、ふたりはお互いに「心の友」となる。妹は私の指文字がわからなかったし、私も妹の幼児ことばを理解できなかったが、それでも、ふたりは嬉々《きき》として手をつなぎ、気の向くままどこへでも行くようになったのだ。

第三章

そうこうするうちに、自分の考えを伝えたいという気持ちが強くなっていった。わずかな「身ぶり」では、ますます不十分になり、自分の思いがわかってもらえないと、かならず怒りが爆発した。まるで、見えない手が私を押さえつけているようで、その手をふりほどこうと、必死だったのである。私はもがいた――それで、事態が改善されるわけではない。それでも私の心は必死に抵抗した。たいていは、くたくたになるまで涙を流して泣きわめいた。運良く母が近くにいれば、母の両腕の中に助けを求めた。あまりにもみじめで、何が原因でこんなに荒れたのかさえ思い出せない。やがて、なんとしてでも意志伝達の手段を手に入れたいという思いが抑えきれず、毎日、時には一時間ごとに大暴れするようになった。

両親はひどく悲しみ、悩んだ。盲学校も聾《ろう》学校も家の近くにはない。また、タスカンビアのような田舎町まで、視力と聴力を失った子どもを教えに来てくれる人などいそうもない。それどころか、友人や親戚《しんせき》からは、そもそも私を教育できるのかと、疑問の声が上がることもあった。しかし母は、英国の小説家ディケンズが書いた『アメリカ見聞記』に一縷《いちる》の望みを託していた。この本の中の、目と耳が不自由なローラ・ブリッジマンという女性が教育を受け、読み書きができるようになったという記述をおぼろげに覚えていたのである。だが、目も見えず、耳も聞こえない人たちの教育方法を発見したハウ博士は何年も前に亡くなっており、博士の教育方法も残っていないかもしれない。もし誰かに受け継がれていたとしても、どうしてアラバマの田舎町に住む少女が、その教育を受けられるというのだろう？

私が六歳の頃、父は、米国北部の町、ボルチモアに住む著名な眼科医のことを耳にした。絶望的と思える患者を数多く治療してきたという。両親は、私の目の治療も可能かどうか見てもらおうと、早速ボルチモア行きを決めた。

その旅は今でもよく覚えている。とても楽しい旅だった。汽車の中でたくさんの人と友だちになった。ひとりの女性が、貝殻が入っている箱をくれた。父が貝に穴を開けてくれ、そこに糸を通して遊んだ。おかげで気がまぎれ、上機嫌で長旅を楽しむことができた。列車の車掌も親切だった。車掌が乗客の切符を点検し、パンチで穴を開けていく。その間、私は彼のコートの裾《すそ》にくっついて離れなかった。パンチを貸してもらい、それをおもちゃにして楽しく遊んだ。何時間もの間、座席の隅で丸くなり、厚紙の破片に小さな穴を開けるのに熱中したのだった。

また、おばがタオルで大きな人形を作ってくれた。この即席の人形は、ひどくこっけいで不格好《ぶかっこう》だった。鼻も口も目も耳もない。子どもの想像力は豊かだといっても、顔を想像することすらできなかった。そして不思議なことに、他にもいろいろ欠点があったのに、私は人形に目がないことばかりが気にかかった。「目がないわ」と周りの人たちに、しつこく訴えたが、誰も人形に目をつけてくれそうもない。しかしここで、名案が浮かび問題は解決する。私は座席から転げ降り、座席の下を探し回った。そして大きなビーズで縁取りされたおばのケープを見つけると、そこからビーズを二つむしり取った。これを人形に縫い付けてほしい、とおばに身ぶりで頼んだ。おばは訝《いぶか》しがりながら私の片手を取って、自分の目のところまで持っていった。「目をつけて欲しいの？」私は一生懸命、首を縦にふった。そしてビーズを人形の目のところに縫い付けてもらうと、喜びを抑えられなかった。ところが、そのあとすぐ人形への興味をなくしてしまったのである。こうして、旅の間は、一度も癇癪を起こすことはなかった。気を紛らわせることがたくさんあって、頭と指をずっと動かしていたおかげだった。

ボルチモアに着くと、チザム博士があたたかく迎えてくれた。しかし、私の目をどうすることもできなかった。けれども博士は、私に教育を受けさせることは可能だと言い、首都ワシントンにいる、電話を発明したアレクサンダー・グラハム・ベル博士に相談するよう勧めてくれた。ベル博士なら、視覚、聴覚障害を持つ子どものための学校や教師についていろいろ教えてくれるはずだ、というのだ。その勧めに従い、私たちはすぐにワシントンに行きベル博士に会うことにした。この時、父の心は悲しみと不安でいっぱいだった。しかしそんな父の苦悩に全く気づかなかった私は、わくわくしながら旅の喜びを味わったのである。

ベル博士の立派な業績は周知のことだが、博士のあたたかく思いやりのある人柄を慕う人も多かった。私も、子どもながらに、即座に博士のあたたかい心を感じ取ったのだった。博士は私をひざの上に乗せてくれた。私が博士の腕時計をいじくり回していると、その時計を鳴らしてくれた。私の身ぶりを理解してくれることがこちらにもわかり、すぐに博士のことが大好きになった。しかしこの時は、ベル博士への訪問が、暗闇から光の世界へ足を踏み入れる扉となるとは夢にも思わなかった。この扉を通じて、孤独な世界を抜け出し、友情、仲間づきあい、知識と愛にあふれる世界へ入っていくことになるのだ。

ベル博士は、ボストンにあるパーキンス盲学校の、アナグノス校長に手紙を書くよう父に勧めた。パーキンス盲学校は、ハウ博士が視覚障害者の教育のために尽くした学校である。そこの校長に、私の教育をできる教師がいるかどうか問い合わせるように、というのだった。すぐに父は依頼の手紙を書いた。すると数週間後に、アナグノス校長から丁寧な返事が届いた。「ご依頼の教師が見つかりました」と安心させるような内容が書かれていた。一八八六年の夏のことである。けれどもサリバン先生の到着は、翌年の三月まで待たなければならなかった。

私は、あたかも旧約聖書中のモーセのようだった。彼のようにエジプトを脱出し、シナイ山の前に立ったのだ。聖なる力は私の魂に触れ、多くの奇跡を目にすることができるよう、視力を与えられた。モーセが十戒を授けられたこの聖なる山から、声が響く。「知識は愛であり光であり、未来を見通す力なのだ」と。

第四章

記憶にある限り、生涯で最も大切な日。それはアン・マンスフィールド・サリバン先生がやって来た日である。この日を境にまったく違う人生が始まる。その前後のあまりにも対照的な人生を思うと、不思議な思いでいっぱいになる。一八八七年三月三日、私の七歳の誕生日の三ヶ月前のことだ。

運命の日の午後、私は玄関に立ち、静かに、しかし心を躍らせながら待っていた。その日は、母の身ぶりや家の中で人が走り回る気配から、何か特別なことがあるのだと何となくわかっていた。それで外に出て、玄関の階段のところで待っていたのだった。ポーチの屋根はスイカズラに厚く覆われていたが、午後の日差しは、その茂みを突き抜け、上を向いた私の顔に注ぐ。指は、慣れ親しんだ葉や花々に、ほとんど無意識に触れていた。さわやかな南部の春を出迎えるため、葉も花も芽吹いたばかりだった。未来にどんな奇跡が待ち受けているのか、私にはわからなかった。私は、何ヶ月ものあいだ、怒りと悲しみに苦しめられ、そしてその激しい戦いのあとで、深い無力感に打ちひしがれていたのである。

皆さんは濃い霧の海を航海したことがあるだろうか？ まるで、立ちはだかる白い闇《やみ》のような霧。その中を、大型船が、緊張と不安の中、水深をはかる「測鉛」を頼りに、手探りで岸に向かって進む。胸が高鳴り、何かが起こるのを待っている――。教育が始まる前の私は、この船のようだったのだ。ただし、私には方位を知るコンパスも測鉛もない。港までどのくらい距離があるのか知るすべもなかった。「明かりを！私に明かりを！」と魂が、ことばにならない叫びを上げていた。まさにその時、愛の光が私を照らしたのだった。

足音が近づいてくるのを感じた。母だと思って片手を伸ばした。しかし別の誰かが私の手を取った。私は引き寄せられ、その人の腕に抱きしめられた。この人こそ、私にすべてを教え、何よりも愛を与えに来てくれた人だった。

次の日の朝、サリバン先生は自分の部屋に私を連れて行き、人形をくれた。後になって知ったのだが、それはパーキンス盲学校の目の不自由な子どもたちからのプレゼントで、人形の服は、あのローラ・ブリッジマンが作ったものだった。しばらくその人形で遊んでいると、先生は私の手にゆっくりとd-o-l-l（人形）と指文字で綴った。

私はすぐにこの指遊びが気に入り、まねをしてみた。やっとその文字を正しく書けるようになると、子どもっぽい喜びと誇りでいっぱいになった。一階の母のところへ急いで下りて行き、片手を出して指文字でd-o-l-lと綴った。この時は、これが単語のスペルだということも、ものに名前が存在することも知らなかった。私はただ「猿まね」で指を動かしていただけだった。それから数日間、意味はわからないながらも、かなりたくさんの単語の綴《つづ》りを覚えた。pin（ピン）、hat（帽子）、cup（カップ）のほか、sit（座る）、stand（立つ）、walk（歩く）などいくつかの動詞も覚えた。けれども、すべてのものに名前があることを理解するまでには、数週間、サリバン先生がつきっきりで教えなければならなかったのである。

ある日、新しい人形で遊んでいると、サリバン先生は、別の布製の大きな人形を私のひざに置き、d-o-l-lと綴った。どちらもd-o-l-lなのだと、わからせようとしたのだ。その前に、私と先生はm-u-gとw-a-t-e-rという二つの単語をめぐり、けんかをしたところだった。先生はm-u-gは「マグカップ」であり、w-a-t-e-rは「水」を指すということを理解させたかったがうまくいかない。私はどうしてもこの二つの単語の区別がつかなかった。先生はあきらめて、このことから離れるようにしたが、それでもすぐに、同じ問題を持ち出してくる。同じことの繰り返しにがまんできなくなった私は、人形をつかみ、床の上に思いきり投げつけた。人形が砕け散り、破片が足元に散らばったのがわかると、喜びが込み上げてきた。この激しい怒りのあとには、悲しみも後悔も湧《わ》いてこなかった。人形を愛していなかったからだ。私が住む音と光のない世界には、悲しみや後悔などという胸をつく思いも愛情もなかったのである。

サリバン先生がほうきをもって、暖炉の片側へ人形のかけらを掃き集めているのがわかると、不快のもとが消えてせいせいし、うれしくなった。先生が帽子を持ってきた。外で暖かい日差しを浴びよう、というのだ。そう考えると――ことばのない感情を「考え」と呼べるのなら――うれしくて小躍りした。

先生と私は、井戸を覆《おお》うスイカズラの香りに誘われ、その方向へ小道を歩いて行った。誰かが井戸水を汲《く》んでいた。先生は、私の片手をとり水の噴出口の下に置いた。冷たい水がほとばしり、手に流れ落ちる。その間に、先生は私のもう片方の手に、最初はゆっくりと、それから素早くw-a-t-e-rと綴りを書いた。私はじっと立ちつくし、その指の動きに全神経を傾けていた。すると突然、まるで忘れていたことをぼんやりと思い出したかのような感覚に襲われた――感激に打ち震えながら、頭の中が徐々にはっきりしていく。ことばの神秘の扉が開かれたのである。この時はじめて、w-a-t-e-rが、私の手の上に流れ落ちる、このすてきな冷たいもののことだとわかったのだ。この「生きていることば」のおかげで、私の魂は目覚め、光と希望と喜びを手にし、とうとう牢獄《ろうごく》から解放されたのだ！ もちろん障壁はまだ残っていたが、その壁もやがて取り払われることになるのだ。

井戸を離れた私は、学びたくてたまらなかった。すべてのものには名前があった。そして名前をひとつ知るたびに、新たな考えが浮かんでくる。家へ戻る途中、手で触れたものすべてが、いのちをもって震えているように思えた。今までとは違う、新鮮な目でものを見るようになったからだ。家の中へはいるとすぐに思い出したのは、壊した人形のことだった。手探りで暖炉のところまでたどり着き、破片を拾い上げる。もとに戻そうとしたが、もうもとには戻らない。目は涙でいっぱいになった。何とひどいことをしたのかがわかったのだ。この時、私は生まれてはじめて後悔と悲しみを覚えたのだった。

その日のうちに、新しい単語をかなりたくさん覚えた。いまそのすべてを思い出すことはできない。しかし、その中には、mother（母）、father（父）、sister（妹）、teacher（先生）などがあった。旧約聖書には、「アロンの杖《つえ》」が突然花を咲かせる奇跡が語られているが、私の場合も、ことばが、奇跡的に世界に花を開かせてくれたのだった。この記念すべき一日の終わりに、私はベッドに横になり、一日の出来事を思い返し喜びにひたっていた。明日が来るのが待ち遠しくてならない。こんなことは、はじめてだった。この時の私ほど幸せな子どもは、そう簡単には見つからないだろう。

第五章

私の魂が突然目覚めた一八八七年。この年の夏の出来事の多くを記憶している。ひたすら両手でものに触れ、手に触れたものすべての名前を覚えていったのだ。ものをまさぐり、その名前と使い方を知るにつれ、世界との親近感は深まり、喜びと自信にあふれたものになっていく。

ヒナギクとキンポウゲの咲く季節がやって来ると、サリバン先生は手をつないで畑の向こうへ連れて行ってくれた。畑では種まきの準備が始まっていた。畑を越えると、テネシー川があり、土手のあたたかい草の上に腰を下ろした。ここで私は、大自然の恵みについてはじめて学んだのだ――私たちの目を楽しませたり、果実を実らせたりする木々が生長できるのは太陽と雨のおかげであること。鳥は巣をつくり、あらゆる土地に生息し、繁栄していること。また、リス、シカ、ライオンなどすべての動物には、食べ物と住みかが必要なことも学んだ。知識が増えれば増えるほど、この世界に対する喜びが深くなる。算数で足し算を習い、地球が丸いことを知るずっと以前に、サリバン先生は、かぐわしい森の中や、草の葉の一枚一枚に美があることを教えてくれた。美は、まだ赤ん坊だった妹の手の中にもある。幼い手の丸みやくぼみも美しいのだ、と。先生のおかげで、幼い私が自然に思いを向け、鳥も花も、自分と同じ幸せな仲間だと思えるようになったのだ。

しかしこの頃、自然はやさしいばかりではないことも経験から学んだ。ある日、先生と私は遠くまで散歩に行き、その帰り道のことだった。午前中は晴れていたが、しだいに気温が上がり、湿度も高くなってきた。そこで、私たちは踵《きびす》をかえし家へ帰ることにした。途中二、三回、道端の木陰で休憩した。もう少しで家に着くというところで、道端の、野生の桜の下で最後の休憩をとることにする。木陰は快適で、登るには格好の木だった。そこで私は先生の手を借りてよじ登り、木の股《また》に腰掛けた。木の上はとても涼しい。サリバン先生は「ここで昼食を食べましょう」と言った。私は、先生が家に戻り食事を取ってくるまでの間、じっとしていることを約束した。

俄《にわ》かに、木の上空に変化が起きた。日差しの暖かさが空気中から消え去った。空が暗くなったことがわかった。私には光に等しい「熱」が大気中から完全に消えてしまったからである。地面からは、不思議な匂《にお》いが立ちのぼる。これは前にも嗅《か》いだことがある。雷雨の前に必ず漂ってくる匂いだ。得体の知れない恐怖が私の心臓につかみかかろうとする。まったくのひとりぼっち。ここには友だちもいない。地面からは離れ、足も届かない。とてつもなく大きい、未知の何かが私を包み込む。私はじっと動かず、状況が好転するのを願った。背筋が寒くなるような恐怖が全身を這《は》い上がる。先生の帰りをいまかいまかと待ちわびた。だが、何よりも、木の上から下りたかった。一瞬、不気味な静けさがあり、それから無数の木の葉がざわめいた。木全体が身震いし、突風が吹きつけた。全力で、枝にしがみついていなければ、木から振り落とされてしまっただろう。木がしなり、きしむ。風で小枝が折れて、雨のように全身に降り注ぐ。おもわず跳び下りたくなったが、恐怖でからだが動かない。私は木の股にしがみつき、うずくまっていた。枝が私のからだ中をむち打ち、断続的に木が振動するのを感じた。まるで何か重いものが落ちてきて、その衝撃が私のいる枝にまで伝わってくるかのようだった。不安は最高潮に達し、いよいよ木もろとも倒れる、と思った時だった。サリバン先生が私の手をつかみ、木から下ろしてくれたのだった。私は先生にしがみつき、再び大地を踏みしめられる喜びに震えた。こうして私は新たな教訓を学んだのである——大自然は、その子どもたちにまで、平然と争いをしかけてくる。自然の、柔らかな肌ざわりの下には、予想もできない鋭いつめが隠されているのだ、と。

こんな恐ろしい経験をしたあとでは、長いあいだ木登りをすることができなかった。ちょっと考えるだけでも、恐怖で凍りついてしまう。しかし、満開のミモザの木が甘い香りで誘惑してくれたおかげで、私はこの恐怖をついに克服することができたのである。

ある美しい春の朝、私はあずまやでひとり本を読んでいた。ふと、素晴らしい香りがかすかに空中に漂っているのに気づいた。立ち上がって、思わず両手を伸ばす。まるで春の精があずまやの中を通り抜けていったかのようだった。「いったい何だろう?」次の瞬間、それがミモザの花の香りであることがわかった。私は、庭の端まで手探りで歩いて行った。ミモザの木は塀の近くの、小道の曲がり角のところにあるはずだった。たしかに、ミモザはそこにあった。暖かい日差しの中で、木全体を震わせていた。花をいっぱいに咲かせた枝は、花の重みでしなって、もう少しで背の高い草に届きそうなほどだ。かつて、これほど繊細な美しさを持つものが世界に存在しただろうか? 優美なミモザの花は、とても地上のものとは思えない。まるで天国の木が地上に移植されたかのようだった。花吹雪の中を、ミモザの太い幹のところまで歩いていく。そしてほんの少しの間、ぼんやりと立っていた。それから、木の股の部分に片足をかけ、からだを上に引き上げた。そのままつかまっているのはちょっと大変だった。枝があまりに大きく、樹皮に両手がこすれて痛かったからだ。それでも、何かとくべつ素敵なことをしているという快感があったから、そのままどんどん木を登り続け、小さな「腰掛け」のあるところにたどり着いた。「腰掛け」は誰かがずっと以前に作ったもので、もはや木の一部となっていた。バラ色の雲に乗った妖精《ようせい》になった気分で、いつまでもそこに座っていた。この出来事があってから、私はこの「天国の木」の上で長い幸福な時間を過ごすようになった。清らかな思いにふけり、明るい夢を見ながら。

第六章

ことば習得の鍵《かぎ》を手にしてからは、その使い方を知りたくて仕方がなかった。耳が聞こえる子どもなら、ことばを覚えるのに特別な努力は必要ないだろう。人の唇からこぼれ出たことばが、飛び回っているところを喜んで捕まえればいいだけだ。だが、耳の不自由なちいさな子どもの場合、そうはいかない。苦しみながら、時間をかけてことばを罠《わな》にかけてとらえなければならない。しかしやり方は違っても、手にできる成果は素晴らしいものだ。ものの名前を覚えるところから、一歩一歩着実に前進していく。最初は、口ごもった片言にすぎなかったものが、長い訓練を経て、ついにはシェークスピアの作品を解釈できるまでになるのである。

はじめは、サリバン先生に新しいことを教わっても、自分から質問することはまずなかった。まだ考えがはっきりと固まっておらず、語彙《ごい》も少なかったからだ。けれども、知識や覚えた単語が増えていくと、それにつれて疑問も増えていった。もっと深く知りたくて、何度も何度も同じ質問をする。新しい単語を知ると、すでに経験上知っていたことが明らかになることもあった。

はじめて「愛」の意味について訊《き》いた朝のことを覚えている。まだ、語彙が少ない時だった。庭で早咲きのスミレを数本摘み、サリバン先生のところへ持っていった。先生は私に感謝のキスをしようとした。しかし、当時は母以外の人からキスをされるのは嫌だった。すると先生は、片手で私をやさしく抱き寄せ、手のひらに「ヘレンのことを愛しているわ」と綴ったのである。

「愛って何？」

そう尋ねる私を先生はさらに引き寄せ、私の胸を指差して言った。「ここにあるわ」この時はじめて、自分の胸の鼓動を意識したのだった。しかしこの答えに、ひどく戸惑った。その時はまだ、手に触れられない、抽象的なものを理解することができなかったからだ。

サリバン先生の片手に握られているスミレの匂いをかいでから、私はこう訊いた。指文字と身ぶりを混ぜた質問である。「愛って、花のいい香りのこと？」

「いいえ、違うわ」と先生。

私はもう一度考えた。暖かい日差しが、ふたりの上に注いでいた。

「これは、愛ではないの？」この暖かいものがやってくる方向を指差して尋ねた。

「これは愛ではないの？」

太陽ほど素晴らしいものはない、と私には思えた。太陽の暖かさのおかげで、あらゆるものが生長できるからだ。だが、先生は首を横に振った。私は意味がわからず、がっかりした。なぜ、サリバン先生は「愛」を具体的に示してくれないのだろう？

それから一日か二日後、私は違う大きさのビーズを糸に通す勉強をしていた。はじめに大きなビーズを二個、次に小さなのを三個というぐあいに、順序を決めて通していく練習である。だが、ミスばかりしてしまう。先生は忍耐強く、穏やかに、繰り返しミスを指摘してくれた。そしてやっとのことで、配列が間違っていることに気がついた。それから、少しの間、神経を集中し、どの順番でビーズを通せばよかったのか考えようとした。すると先生は私の額に片手を当て、もう一方の手で、私の手に力強くはっきりと綴りを書いた。「考えなさい」

その瞬間、「考える」ということばが、今自分の頭の中で起きていることを示すのだとわかった。この時はじめて、抽象的な事がらを認識したのである。

それから私は、長い間、じっと考え続けた——ひざの上のビーズのことを考えていたのではない。いま得られた新たな視点から「愛」の意味を見つけようとしたのだ。

この日、太陽は一日中雲に隠れ、時折にわか雨が降った。と急に太陽が顔を出し、南部ならではの強い日差しが降り注いだ。

私は、また同じ質問をサリバン先生に繰り返した。「これは、愛ではないの?」

「愛というのは、いま太陽が顔を出す前に空を覆《おお》っていた雲のようなものなのよ」これだけでは、当時の私には理解できなかった。そこでやさしくかみ砕いて、サリバン先生は説明を続けた。

「雲にさわることはできないでしょう? それでも雨が降ってくるのはわかるし、暑い日には、花も乾いた大地も雨を喜んでいるのがわかるでしょう? それと愛は同じなのよ。愛も手で触れることはできません。だけど、愛が注がれる時のやさしさを感じることはできます。愛があるから、喜びが湧《わ》いてくるし、遊びたい気持ちも起きるのよ」

その瞬間、美しい真理が、私の脳裏にひらめいた――私の心とほかの人の心は、見えない糸で結ばれているのだ、と。

サリバン先生は、はじめて家庭教師として来た時から、耳が聞こえる普通の子どもと同じように私に話しかけてくれた。ただ、口で話す代わりに、指文字を使って、手に文字を綴《つづ》ってくれたことが違うだけだ。考えを表現するための単語や熟語がわからなければ、教えてくれた。私がことばに詰まると、「こう言ったら？」と手助けしてくれることもあった。

こうした学習が数年間続いた。耳の不自由な子どもは、日常会話で使われる無数の単語・熟語を、一ヶ月では習得できないからだ。二、三年かけても難しい。聴覚が正常な子どもなら、耳に聞こえたことばを何度も何度も繰り返し、まねをすることでことばを覚えていく。つまり、家庭内で交わされる会話を聞くことによって脳が刺激され、話題を思いつき、自然に自分の考えを表現できるようになるのだ。ところが、この「自然な会話」の機会を、聴覚を失った子どもは手にすることができない。サリバン先生はこのことをよくわかっていたから、欠如している「会話の刺激」を与えようと努力してくれた。先生は、刺激を与えるため、自分の耳に聞こえたことを、一語一句違えずに、できる限り私に伝えてくれた。また、人との会話に参加する方法も教えてくれた。それでも、勇気を出して、自分から会話を主導できるようになるまでには、かなりの時間がかかった。タイミングよく、適切なことばを口に出して言えるようになるには、さらに時間が必要だったのである。

目や耳が不自由な人が、自然な会話を楽しむのは至難の技である。まして、目と耳の両方が不自由な場合、どれだけ困難なことか！　まず話し相手の口調がわからない。

誰かの助けを借りなければ、自分の声のトーンを上げ下げして、話に強弱をつけることができない。相手の表情を見ることもできない。話し相手の本当の気持ちは、表情を見ればわかることが多いのに。

第七章

私の教育における次の重要なステップは、読み方を学ぶことだった。

少数の単語を綴れるようになるとすぐに、サリバン先生から、英語のアルファベットを「浮き出し文字」で印刷した、単語カードを渡された。それぞれの単語が「もの」「動作」「ものの性質」を表していることはすぐにわかった。単語カードを枠の中に入れ、組み合わせて短い文を作るのだ。だが、枠の中で文を作る前に、実物で練習をした。たとえば、「doll（人形）」「is（ある）」「on（〜の上に）」「bed（ベッド）」というカードがあると、まず doll と bed のカードを、それぞれ実物の人形とベッドの上に置く。それから、本当に人形をベッドの上に置き、その横に is on bed（ベッドの上にあります）とカードを並べる。このように実物を使えば、その文が表すものを実感できるのである。

サリバン先生によれば、私が「girl（少女）」のカードを自分のエプロンに留め、洋服ダンスの中に立っていたこともあったという。自分で洋服ダンスの中にはいり、is in wardrobe（洋服ダンスの中にいます）と並べたのである。こんなに楽しいゲームはない。一度はじめると、ふたりで何時間も熱中した。部屋の中のものすべてが、「実物練習」に使われることも珍しくなかった。

単語カードから本へ移るのは簡単だった。初級用のリーダーを手に取り、本の中にすでに知っている単語がないか探し回る。知っている単語があると、「かくれんぼ」で人を探し出した時のようにうれしい。私は、このように読み方を勉強しはじめたのである。やがて筋のある物語を読みはじめることになるのだが、その時のことについては、あとで触れたい。

長い間、私の授業は内容も時間も不規則だった。また一生懸命勉強している時でも、勉強というよりは遊び感覚だった。サリバン先生の授業では、いつも説明に美しい物語や詩が使われる。私が喜んだり、関心を示したりすることがあれば、先生も少女になったかのように繰り返し話してくれる。多くの子どもが、文法やむずかしい算数、さらに面倒な「ことばの定義」の問題を、苦労してコツコツ勉強させられて嫌になってしまうが、私の場合、先生との勉強は、最も大切な思い出となって残っているのだ。

なぜ、サリバン先生は私の喜びと要望をあれほどわかってくれたのだろう？　おそらく、長い間、目の不自由な人と接してきたからであろう。その上、先生の説明はみごとだった。退屈な細部のおさらいは軽くすませる。おととい教えたことを覚えているかどうか確かめようと、しつこく質問することもない。無味乾燥な専門事項は少しずつ教える。そしてどんな科目も生き生きと説明してくれたから、先生が教えてくれたことは記憶に残るのである。

サリバン先生と私は、戸外で本を読み勉強した。家の中よりも、日の当たる林が好きだった。この頃の授業には、いつも、木々の息づかいがあった――マツ葉の清々《すがすが》しい香りに、野ブドウの匂《にお》いが混じりあう。そして野生のユリノキの心地よい木陰に座りながら、「すべてのものには、学ぶべきことがある」と考えるようになった。愛らしい生き物たちが、その存在の大切さを教えてくれたのだ。

実際、虫、小鳥、花々などが私の教育に一役買った――騒がしく鳴くカエルたち。手の中につかまえたキリギリスやコオロギは、やがてどこにいるかも忘れ、か細く澄んだ音を奏《かな》でる。柔らかい羽毛で覆われた小さなヒヨコ、野の花々、ハナミズキの花、スミレ、つぼみをつけた果樹。はじけそうなワタの実にさわり、中の柔らかい綿とタネに触れてみる。トウモロコシ畑をわたる風のざわめき。背の高い葉が立てる、サラサラという衣擦《きぬず》れのような音。牧場で子馬をつかまえ、その口にはみをかませた時の荒々しい鼻息を感じる。ああ、その息づかいの香ばしいクローバーの匂いを、私ははっきりと覚えている！

夜明けとともに起きて、こっそり庭に出かけることもある。草花はしっとりと露に濡《ぬ》れている。バラの花を手でつつむと、柔らかな弾力のある感触がする。朝のそよ風に揺れる、ユリの美しい動き――この喜びを知る人はまずいない。花を摘んでいると、花の中にいる虫を捕まえてしまうことがある。花ごとつかまれたことに気づくと、虫は慌《あわ》てて二枚の羽を動かす。その時のかすかな振動を私は手に感じる。

もうひとつ、大好きだった場所は果樹園である。ここでは、七月初めに果物が熟す。綿毛でおおわれた丸々とした桃が実り、私の手にも届くようになる。そしてリンゴの木に心地よいそよ風が吹くと、その実が私の足元へ落ちてくる。エプロンの中にリンゴを集めながら、そのすべすべした皮に頬を押しあてる。いままで日差しに当たっていたリンゴは、まだ温かい。それからリンゴを持ってスキップして家へ帰る――この時のうれしさと言ったらなかった。

サリバン先生と私は、「ケラーの船着場《ふなつきば》」への散歩が気にいっていた。これは、テネシー河畔にある、古く荒れ果てた木製の船着場で、南北戦争の時、兵士の上陸のために使われたという。私たちは、ここで長く幸せな時間を過ごし、地理の勉強を楽しんだのだ。私は小石でダムを作り、島や湖を作り、川床を掘った。すべて遊び気分でやったので、これが授業だとは夢にも思わなかった。広大な丸い地球についての先生の説明に聞き入り、好奇心をかき立てられた——火を噴く山々、埋没した都市、移動する氷の川など不思議な話ばかりだった。先生が粘土で立体地図を作ってくれたから、山の尾根や谷に手で触れ、蛇行する川を指でたどることができた。これも私の大好きな勉強だった。だが、気候帯の区分と、北極と南極の存在が理解できず、頭を悩ませた。先生が作ってくれた、気候帯を分けるひもや、北極と南極を表すのに使ったオレンジの木の棒が実在するものだと思ったのだ。だから今でも、「気候帯」と聞くだけで、ひもで囲まれた地域を連想してしまう。もしも誰かが、「シロクマは北極の棒《ノース・ポール》を登るのだ」とウソをついたら、そう信じ込んでしまったかもしれない。

嫌いな科目は、算数だけだったように思う。最初から、算数には興味が湧かなかった。先生は、ビーズをグループごとに糸に通すことで、「数える」ことを教えようとした。また、幼稚園のように、ワラを並べることで足し算・引き算を学んだ。ただ、私の方は、一度に足し算、引き算を五、六回以上できるほどの根気はなかったから、数回やるともう満足して、遊び友だちを探しに外に行ってしまうのだった。

動物と植物の勉強も、同じようにのんびりとしたやり方でやった。

名前は忘れてしまったが、ひとりの紳士が私に化石の標本を送ってくれたことがある。その中には、美しい模様の小さな貝殻、鳥の爪跡《つめあと》がついている砂岩のかけら、浮き彫りのような形で化石になった愛らしいシダなどがあった。私にとっては、これが、太古の世界の財宝を知る鍵《かぎ》だった。サリバン先生の説明に手が震えた——原始時代の森を踏み歩いた、異様な形の、難しい名前を持った恐ろしい生き物たち。巨木の枝をむしり取って食べ、太古の暗い沼地で死んだという。長い間、この奇妙な生物が繰り返し夢に出てきた。しかしこの暗黒の時代を経て、喜びに満ちた現在の地球があるのだ。日の光とバラの花にあふれ、子馬のひずめの音がやさしく響きわたる今が……。

ある時、美しい貝殻をもらった。小さな軟体動物が、輝く巻貝を作り、自分の家にするという。子どもらしい新鮮な驚きと喜びで、私はこのことを学んだ。風がやみ、波が穏やかな静かな夜。オウム貝は、インド洋の青い海を、光り輝く真珠色の貝殻を身にまとって泳ぐ。海に住む生物の生態は、興味深いことばかりだった——太平洋の荒波の真《ま》っ只中《ただなか》で、小さなサンゴ虫が美しいサンゴ礁《しょう》を作るという。また微小な有孔虫は、その遺骸を堆積させ、至るところに「白亜層」を形成した。サリバン先生は『オウム貝』という詩を読みながら、軟体動物が貝殻を作っていく過程は、あたかも知性が発達するさまを思わせるということを教えてくれた。オウム貝の「外套膜《がいとうまく》」は、まるで魔法のように、海水から吸収した成分を、美しい貝殻へと変えていく。人も、知識を少しずつ習得していくことによって、ついには真珠のように光り輝く思考を持てるのだ、と。

植物の生長も、授業の教科書となった。先生と私はユリを一本買ってきて、日当たりの良い窓辺に置いた。すぐに、緑色の、先の尖《とが》った数個のつぼみが開きそうな気配を見せた。つぼみの外側の、ほっそりとした指のようながくが、ゆっくりとためらいがちに開き、中に隠していた「美」が姿を現わすはずと予想していた。けれども、いったん開き始めると、あっという間に、しかも整然と一斉に開花していくのだ。いつもひとつだけ、大きく美しいつぼみがあり、一段と華麗に開花する。柔らかい、絹のような衣をつけたこの美しいつぼみ自身も、自分が神聖な権利を持った「ユリの女王」と自覚しているかのようだ。一方、他の、小さく内気なつぼみたちは、緑色の頭《ず》巾《きん》を恥ずかしそうに脱ぐ。そしてついには全体が、うなだれた枝のようになり、愛らしい姿で芳香を放つのである。

緑あふれる窓辺に丸い金魚鉢を置き、オタマジャクシを十一匹飼っていたことがある。この時は、オタマジャクシの生態を知るのに夢中だったことを覚えている。片手を金魚鉢の中に突っ込む。そしてオタマジャクシが元気に泳ぎ回るのを手で感じ、指の間をすり抜けさせる——これは本当に面白かった。ある日、元気なオタマジャクシが一匹、金魚鉢から跳びはねて、床に落ちてしまった。どうやら瀕死《ひんし》の状態だ。尾ひれをわずかにパタパタ動かしていたから、なんとか生きているのがわかるという程度だった。しかし金魚鉢の中へ戻してやるとたちまち、鉢の底へ矢のように飛んでいき、うれしそうにぐるぐると泳ぎ回った。このオタマジャクシは、ジャンプをして外の広い世界を見た。そして、カエルに成長するまでは、大きなフクシアの木の下にある、小さなガラスの金魚鉢の中で暮らすことにしたのだ。やがてカエルになると、庭の隅の、草が生い茂った池に住んだ。そこで彼は、夏の夜に演奏会を開き、一風変わったラブソングを聞かせてくれたのだ。

こうして、私は生き物から直接学んだのである。はじめ、私は小さな可能性のかたまりにすぎなかった。その可能性の扉を開け、育ててくれたのがサリバン先生である。先生がやって来てから、私の周囲のものすべてが、愛と喜びに息づき、ゆたかな意味をもつようになったのだ。先生は、あらゆるものの中にある「美」を、ことあるごとに指摘してくれた。また、考え行動し、手本を示すことによって、私の人生が楽しく有意義なものになるよう、常に努力を続けられたのだ。

私の教育の、最初の数年間がこれほど素晴らしいものになったのは、非凡なサリバン先生が、すばやく私の思いを察知し、愛情を持って巧みに接してくれたおかげである。また、勉強を教える適切な瞬間を逃さなかったから、私も楽しく学習することができたのだ。先生は、子どもの頭脳は浅い小川のようなものだと考えていた。「教育の流れ」には、石ころがいっぱいころがっており、至る所でさざ波が立ち、水しぶきがあがっている。水面には、花が映るかと思えば、茂みが映り、ふわふわと空に浮かぶ雲も映し出される。先生は、私をこの流れに沿って教育したのだ。小川に、山の清水や隠れた泉――知識――を注ぎ込めば、やがて川幅が広がり、深い大河となる。そして穏やかな水面には、一本の小さな愛らしい花だけでなく、山々の稜線《りょうせん》、明るい木陰、青い空までも映るようになることを先生は知っていたのである。

教師であれば、生徒を教室へ連れて行くことはできるだろう。けれども、必ずしも勉強させられるわけではない。生徒が自ら進んで勉強するためには、勉強中も休憩中も、「自由」は自分の手の中にある、と感じなければならない。そして、自ら勝利の喜びと敗北の失望感を味わってはじめて、嫌いな課題でも本腰で取り組み、単調な教科書の勉強も、勇気を持って楽しくやり抜こう、と決心できるのだ。

サリバン先生は、あまりに身近にいるから、私と先生を切り離して考えることはほとんど不可能だ。美しいものに感じる喜びのうち、どれだけが生まれつきの感受性で、どれだけが先生の影響を受けたのか区別をすることはできない。先生の存在は、私とは切り離せない。この半生をサリバン先生とともに歩いてきたと思っている。私の最良の部分はすべて先生のおかげなのだ。私の中の才能、ひらめき、喜び――どれを取っても、先生の愛情が目覚めさせてくれたものばかりなのである。

第八章

　サリバン先生がタスカンビアに来てから迎えた最初のクリスマスは、素晴らしいクリスマスとなった。家族全員が、プレゼントを用意してくれたが、一番楽しかったのは、先生と私で、みんなのプレゼントを準備したことである。どんなプレゼントをもらえるのかわからない。これが何よりの楽しみだった。友人たちは、何とか私の好奇心をかきたてようと、ヒントをくれたり、途中までスペルを書いていいところでやめたりする。サリバン先生と私は何度も「当てっこ」をしたが、これは、どんなきちんとした授業よりもことばの勉強になった。毎晩、赤々と燃える暖炉の前に座って、ふたりで「当てっこ」をやった。そして、クリスマスが近づくにつれて、このゲームはますます盛り上がっていく。

　クリスマス・イブには、地元の小学校に招かれた。教室の真ん中には、見事なクリスマス・ツリーが立っている。柔らかな明かりに包まれ、輝き、光がゆらめいている。

枝からは、珍しい素敵な果物がいくつも下がっていた。至福の瞬間だった。私はうれしさを抑えきれず、思わずツリーのまわりを踊りまわった。そして、子どもたちひとりひとりにプレゼントが用意されていると知り、大喜びした。その上、ツリーの飾りつけをした親切な大人たちは、私がみんなにプレゼントを渡してもいい、という。贈り物を渡すのに夢中で、自分のプレゼントのことなど忘れてしまった。しかしいよいよ自分がもらう番になると、明日のクリスマス本番への期待が高まって、もう我慢しきれなくなる。学校でもらったプレゼントは、友人たちがじれったいヒントをくれたものとは違うことはわかっていた。サリバン先生は言った。「明日もらうのはもっと素敵なものよ」しかし今はツリーに飾ってあった贈り物で満足し、あとはクリスマスの朝まで待つように言われ、納得した。

その晩、靴下を下げたあと、長い間眠れなかった。寝ているふりをして、サンタクロースが来たらどうするのか確かめようと、がんばって起きていたのだ。だが、新しい人形とシロクマのぬいぐるみを抱きながら、いつのまにか眠ってしまった。そして翌朝、一番に「メリークリスマス！」を告げながら家族全員を起こしたのは私だった。プレゼントがあったのは、靴下の中だけではない。テーブルの上にも、どのイスの上にも、ドアのところ、窓のところにまで置いてあった。一歩あるいても、包装紙にくるんだクリスマスプレゼントにつまずくほどだった。しかしとうとう喜びがあふれ出したのは、サリバン先生からカナリアをもらった時だった。

カナリアのリトル・ティムは、人間に慣れていて、指を一本だすとちょこんと跳び乗り、手から砂糖漬けのチェリーを食べた。サリバン先生は、この新しいペットの面倒をすべて自分で見られるように教えてくれた。毎朝、朝食後には水浴びの準備をし、鳥かごをきれいに掃除し、カップに新鮮なタネと井戸から汲《く》んできた水を用意する。そしてぶらんこには、ハコベを一本挿しておくのだ。

ある朝、窓辺のいすに鳥かごを置いて、水浴び用の水を取りに行った。部屋に戻りドアを開けると、大きなネコが私のからだをかすめて出て行くのがわかった。はじめは何が起きたのかわからなかった。けれども、片手を鳥かごの中へいれても、ティムのかわいらしい羽に触れることもなく、あの小さな尖ったつめが指をつかむこともなかった。その時、もう二度と、あのかわいらしいティムとは会えないことを悟ったのだった。

第九章

私の人生の、次の大事件は、一八八八年五月のボストン訪問だった。八歳の時である。この時の旅支度、サリバン先生と母に連れられて出発したこと、旅の道中、そしてようやくボストンに着いたこと――すべてが昨日のことのように思い出される。思えばその二年前にボルチモアへ行ったときと比べて、何と違った旅になったことだろう！ あの時は、私はまだ落ち着きが無く、興奮しやすい子どもで、汽車の中では周りの人の注意を引いて面白がっていたのだった。ところがもはやその面影もない。車内では、おとなしくサリバン先生の横に座り、車窓から見える景色の説明に注意を向けていた。窓の外の、美しいテネシー川、広々とした綿畑、山々や森。駅に止まると、黒人の群集が声を上げて笑い、乗客に手を振り、おいしいキャンディーやポップコーンを車内で売って回る……。私の向かいの座席には、布製の大きなナンシー人形が座っていた。下したてのギンガム・チェックのワンピースを着て、フリル付きの大きな日よけ帽をかぶり、私のことをビーズの両目で見つめている。サリバン先生の説明に集中していない時は、ナンシーの存在を思い出し、両手で抱えてあげる。だが、たいていはほったらかしで、「ナンシーは眠っているんだ」と自分に言い聞かせ、良心を納得させたのだった。

もうナンシーに触れることはないだろうから、ここでボストンに着いてすぐにナンシーの身の上に起きた、悲惨な話をしておきたい。ナンシーはすっかり汚れていた——彼女が欲しがってもないのに、私が無理やり「泥パイ」を食べさせたせいだった。それで、パーキンス盲学校の洗濯係の女性が、ナンシーをこっそり連れ出しお風呂《ふろ》に入れてしまった。かわいそうに、この扱いに彼女は耐えられなかった。再会した時、ナンシーは不格好な綿のかたまりになっていた。ビーズの両目があったから、なんとかナンシーだとわかったが、その目は私のことをうらめしそうに睨《にら》んでいた。

さて、やっとボストンに列車が到着する。ボストンは、素敵なおとぎ話のような町だった。「昔々の遠い国」が、いま目の前にやってきたようだった。

パーキンス盲学校に着くとすぐに、私は目の見えない子どもたちと仲良しになった。この子たちも「指文字」を知っているとわかった時のうれしさは、とうてい言い表すことはできない。「私のことば」で他の子どもたちと話せるなんて！　それまでの私は、通訳を通して話す外国人同然だったのだ。あのローラ・ブリッジマンが学んだ学校では、通訳がいらず、まるで母国へ帰ってきたような気分だった。しかし、ここの子どもたちも目が見えないという事実をすぐには飲み込めなかった。自分は目が見えないことはわかっていた。けれども、私の周りに集まってきて、一緒にふざけあってくれる、この元気で親切な子どもたちも、みんな目が見えないなんてありえないように思えた。私が話しかけようとすると、子どもたちは、手を差し出し「指文字」を使おうとする。本を読む時は、指を使って読んでいる――彼らも本当に目が見えないのだ、と気づいた時の驚きと胸の痛みは、いまでも忘れない。この学校の生徒たちのことは、以前から聞いていたし、自分の障害についても理解はしていたつもりだった。それでも、彼らのように耳が聞こえれば、「第二の目」のようなものがあるはず、と漠然と考えていた。どの子も貴重な視力を奪われているという事実を、ひとりひとり確認していくことになるとは予想もしなかった。それでショックを受けたのだ。しかしみんな幸福で、楽しそうだったから、一緒に遊んでいるうちに、心の痛みは消えてしまった。

こうして、目の不自由な子どもたちと一日過ごしたおかげで、新しい環境に慣れ、すっかりくつろいだ気分になった。つぎつぎに起こる楽しい経験に目を見張るうちに、毎日があっというまに過ぎていく。私にとって、ボストンは世界のすべてであったから、まだこのほかにも広い世界があるとは、すぐには信じられなかった。ボストン滞在中、アメリカ独立戦争の古戦場、バンカーヒルを訪れ、そこで私ははじめて歴史の勉強をした。かつて、私たちが立っている場所で戦った、勇敢な兵士たちの物語に胸が躍った。記念塔の中の石段を数えながら上へ上へと登り、想像に耽《ふけ》った――兵士たちもこの長い石段を登り、地上の敵めがけて発砲したのだろうか？

翌日は、ニューイングランド地方最初の入植地、プリマスへ船で向かった。海の旅も、蒸気船に乗るのもこれがはじめてだった。船旅は、なんと活気にあふれていたことか！ しかし、エンジンの低い振動がすると、かみなりかと思って私は泣き出してしまった。雨が降ったりしたら、ピクニックができなくなる、と心配したのだ。プリマスで何よりも興味をそそられたのは、英国からの入植者「ピルグリム」らの上陸地点にある、巨大な岩だった。岩に触れると彼らの大陸への到着、苦労、偉大な業績が、ありありと感じられる。「プリマス・ロック」と呼ばれるこの岩の小さな模型を、いまでも私は折りにふれて手にとってみる。ピルグリム記念館で親切な紳士にもらったものだ。そのなめらかな輪郭、中央にある裂け目。上陸した年を示す「1620」という浮き彫りになった数字。それらに指で触れながら、ピルグリムたちの素晴らしい物語の数々を思い描くのだ。

幼稚な想像力の中で、先駆者たちの偉大な業績はなんと光り輝いていたことか！ 入植者たちの中でも、最も勇敢で寛大な人たちだった、と理想化していたのだ。自分たちだけでなく、同胞の自由も願ったのだと思い込んでいた。ところが数年後、彼らが先住民族を迫害していたことを知り、ひどく驚き失望した。もちろん、美しい国、アメリカをもたらした先駆者の勇気と力は賞賛したいが、この点は残念に思っている。

ボストンでは多くの友人ができたが、ウィリアム・エンディコット氏とその娘さんにもこの時に知り合った。ふたりが播《ま》いた「親切の種」は、芽を吹き、多くの楽しい思い出となって実っている。ある日、ボストン近郊のビバリー・ファームズにある、エンディコット氏の美しい邸宅を訪問した——バラの咲く庭を通り抜けると、大型犬のレオと、巻き毛で長い耳のフリッツという小型犬が出迎えてくれる。駿馬《しゅんめ》のニムロッドが、私に撫《な》でてもらいたいのと、角砂糖が目的で、手に鼻先を押しつけてくる——この様子を思い起こすと、心は喜びで満たされる。海岸では、はじめて砂遊びをした。ここの砂は硬くてなめらかだ。同じ州内でもブルースター海岸の、海草と貝殻が混じった、ゆるくて、ざらざらした感触の砂とは全然違う。エンディコット氏は、ボストンからヨーロッパへ向かう巨大な船の話をしてくれた。その後、何度も会っているが、いつまでも良い友人でいてくれる。エンディコット氏のことを思うと、ボストンを「やさしいこころの町」と呼ばずにはいられない。

第十章

パーキンス盲学校が夏休みにはいる直前のこと。サリバン先生と私は、親友のホプキンズ夫人と一緒に、コッド岬のブルースター海岸で休暇を過ごすことになった。私は期待に胸をふくらませ、これからやってくる楽しい出来事と、いままでに聞いていた海にまつわる素敵な物語のことばかり考えていた。

この夏で一番鮮やかに印象に残っているのは、海の思い出だ。それまで、内陸部にしか住んだことがなかった私は、潮の香りを胸に吸い込んだ経験はない。だが『私たちの世界』という大型本で、海の記述を読んだことはあった。その部分を読むと、不思議な気持ちでいっぱいになり、雄大な海に触れ、波のうねりを感じたいという衝動が湧《わ》き起こってくる。だから、ついに願いがかなうのだとわかって、私の小さな胸は喜びに躍ったのだ。

水着を着せられるとすぐ、温かい砂の上に踊り出た。そして向こう見ずにも、冷たい水の中へいきなり入っていった。寄せては返す大きな波の動きが、からだに感じられる。海水の浮揚感は、震えるような強烈な喜びを与えてくれた。ところが突然、幸せが恐怖に変わった。片足が岩にぶつかったと思ったとたんに、頭上から波が襲ってきたのだ。何かにつかまろうと両手を伸ばす。波で顔のところに運ばれてくる海草や海水をつかもうと、必死でもがいた。だが、すべては無駄だった。波は私をからかっているようだった。荒々しくもてあそばれ、からだは左右に揺さぶられる。本当に恐ろしかった！　大地は足元から消え去った。そして、この何もかも飲み込んでしまう未知の液体からは、生命、大気、あたたかさ、愛など、何もかもが締め出されてしまったかのようだった。しかし、海は新しいおもちゃに飽きてしまったのか、ようやくのことで私を岸に投げ返した。次の瞬間、私は、サリバン先生の両腕にしっかりと抱かれていた。長い、愛情のこもった抱擁のなんと心地よかったことか！　それから我に返って、落ち着きを取りもどすとすぐに私は尋ねた。「いったい誰が、水に塩を入れたの？」

このはじめての海の体験から回復してからは、水着を着て大きな岩の上に座り、次々に岩で砕ける波の、水しぶきを浴びることに夢中になった。重々しい波が海岸に打ち寄せる時、小石がゴロゴロと音を立てるのがわかる。海岸全体が、波のすさまじい攻撃に苦しみ、大気も、波の動きに合わせ、脈打っているかのようだった。砕けた波は引き、力を蓄えてから、さらに力強い波となって戻ってくる。私は、緊張しつつも海のとりこになって岩にしがみつく。押し寄せる波とその雄叫《おたけ》びを肌で感じながら！

海岸には、どんなに長くいても飽きることはなかった。汚《けが》れがなく、新鮮でおおらかな「潮の香り」は、穏やかで心をなごませる「思い」のようだ。貝殻、小石、小さな生き物が付着した海草はいまでも私を魅了している。ある日、サリバン先生は、浅瀬で日向《ひなた》ぼっこをしていた、大きな見慣れない生き物をつかまえて触らせてくれた。それがカブトガニというものだとはじめて知った。背中に家を乗せている。ずいぶん変わった生き物だなと思った。と急に、ペットにしたら楽しいだろうと思いつき、しっぽを両手でつかまえ、連れて帰ることにした。ずっしりと重いカブトガニを、八百メートルも引きずっていくのは一苦労だったから、一仕事終えたあとは上機嫌だった。それからサリバン先生に頼み込んで、井戸の近くにある、「飼い葉桶《おけ》」に入れてもらった。そこなら安全だと思ったのだ。ところが翌朝、「飼い葉桶」のところまで行くと、カブトガニはいないではないか！　どこへ行ったのか、いったいどうやって逃げ出したのか、誰にもわからなかった。この時はひどく落ち込んだ。だが、やがて気がついた――この口の利《き》けない哀れな生き物を、海から引きずり出したのは、親切な行為ではないし、賢明な判断でもない、と。それからしばらくして、あのカブトガニはきっと海に帰ったのだろうと考え、ひとり納得したのだった。

第十一章

秋になって南部の自宅に戻った時、心は楽しい思い出でいっぱいだった。北部への旅を思いかえすと、短い期間に、あまりにも豊かでさまざまな体験をしたことに驚く。この旅が、すべてのはじまりだったのだろう。美しい新世界の宝物が足元に置かれ、あらゆる機会に、喜びと知識を手に入れた。あらゆることを味わい尽くそうと、一瞬もじっとしていることはなかった。全存在を短い一日に注ぎ込む小さな虫のように、私の人生は忙しく活動し始めたのである。指文字を綴《つづ》ってくれる多くの人々に出会い、意思を通じ合わせる喜びに心を踊らせた。ついに奇跡が起こったのだ。人と私の心の間にあった荒地に、バラの花が咲き乱れるようになったのである。

秋の間は、タスカンビアから二十キロ余り離れた山中にある、避暑用の別荘で家族と過ごした。ここは「シダの石切り場」と呼ばれていた。近くに、石灰岩の採石場跡があったからである。山上の岩間の泉から三本の小川が勢いよく流れ出し、途中に岩があると、笑っているようにあちこちで水しぶきをあげていた。あたりにはシダが茂っていて、石灰岩の地面をすっかり覆《おお》いつくし、ところどころ小川までも隠していた。山には木々が生い茂り、カシの巨木と見事な常緑樹があった。その幹は苔《こけ》むした柱のよう。枝からはツタとヤドリギが花飾りのように垂れていた。またカキの木からは、心奪われるような、幻想的な芳香が森の隅々にまで漂っていた。ところどころ、野ブドウのつるが木々の間をつたい、チョウやハチなどの虫が集まるあずまやのようになっている。午後遅く、鬱蒼《うっそう》とした緑の森の中をあてどなくさまよう。そして、一日の終わりに地面から立ちのぼる冷たく、かぐわしい匂《にお》いをかぐのは、なんとも言えずいい気分だった。

私たちの別荘は、粗末な山小屋のようなものだった。山頂の、カシとマツの木に囲まれた美しい場所にある。長い、吹き抜けの廊下の両側には、小さな部屋が並ぶ。家を取り囲む広いベランダでは、山の風が吹き、さわやかな木の香りを運んできてくれた。私たちは、多くの時をこのベランダで過ごした——ここで仕事をし、食事をし、遊んだのだ。裏口のところには、シログルミの大木があって、幹の周りには階段が作られていた。家の正面では、木々が建物のすぐそばに立っていたから、手で触れることができたし、秋風が梢《こずえ》を揺らし、木の葉が舞い落ちるのを感じることができた。

「シダの石切り場」にはたくさんの客が訪ねてきた。夜になると、キャンプ・ファイアを囲んで、男たちはトランプをし、何時間も雑談を楽しんだ。獲物の鳥や、魚、けものの自慢話をするのだ——カモと七面鳥をどれだけ撃ったとか、獰猛《どうもう》なマスを釣り上げた話。悪賢いキツネを生け捕りにしただの、頭のいいフクロネズミの裏をかいてやっただの、恐ろしく足の速いシカに追いついた話が続く。しまいには、この狩猟の名人たちにかかったら、ライオンでもトラでもクマでも、どんな野獣でもしとめられてしまいそうだった。「明日はいよいよ狩りだぞ！」このことばを合図に、陽気な男たちはようやく話をやめて、眠りにつく。男たちは、私たちが寝る部屋の、前の廊下で寝た。即席のベッドで眠る男たちと、猟犬の深々とした寝息が私のところまで伝わってきた。

夜明けになると、コーヒーの香りが立ち込める。男たちが歩き回り、猟銃がガタガタと鳴る気配で目が覚めた。今日こそ、狩猟シーズンの最高の日にしようと、意気込んでいるのだ。馬のひづめの音も伝わってくる。町から乗って来て、木につないでおいた馬だ。一晩中、そこに立たされていたから、狩りの出発を待ちきれず、いなないている。ようやく男たちは馬にまたがった。そして昔の歌にあるように、手綱を鳴らし、ムチの風切る音とともに、猟犬を先頭に走りだす。そしてこの猟の名人たちは、

くのだ。

「そら行け！」と犬に叫びながら、遠ざかっていった。

昼近くなると、バーベキューの支度に取りかかる。地面に掘った深い穴の底に火がつけられる。その上に太い棒を縦横に渡し、串《くし》に刺した肉をぶら下げ、回しながら焼くのだ。

火の周りには、黒人たちが座り、長い木の枝を持ってハエを追い払っている。焼けた肉のいい匂いがすると、まだ食卓の準備もしていないうちからお腹《なか》が空いてくる。

食事の準備の活気と興奮が頂点に達したころ、狩猟に行っていた一行が現れ、数人ずつやっとの思いで小屋までたどり着く。男たちは疲れ果て、馬は泡のような汗を流し、猟犬はへとへとになってあえいでいる。なのに、仕留めた獲物は一匹もいないのだ！　男たちは口々に言う――少なくとも、シカを一頭見つけた。獲物はすぐ近くまできた。猟犬が必死になって追いかけ、猟銃をかまえたが、銃の引き金を引いた瞬間、消えてしまったのだ、と。結局、「もう少しでウサギを見つけるところだった。だって、足跡があったのだから」と言う少年と変わらないのだ。だが、すぐに狩猟の失敗のことなど忘れてしまい、みんな一緒に腰を下ろし、獲《と》れるはずだった鹿肉《しかにく》ではなく、用意しておいた子牛と豚の丸焼きにかぶりついたのである。

ある夏の日、私はこの別荘に子馬を連れてきた。小説『ブラック・ビューティー』

をちょうど読み終えたところだったので、ブラック・ビューティーと呼んでいた。つやつやとした黒い馬で、ひたいには白い星の印がついている。まさに名前通りの馬だった。この子馬に乗り、至福のひと時を何度も過ごした。サリバン先生は、いまなら大丈夫と判断すると、馬の引き綱を手放すこともあった。すると子馬は、気ままに行動する。そのままぶらぶら歩き続けるか、立ち止まって草を食べたり、細長い道の脇《わき》から、木の葉をかじったりするのだった。

朝、馬に乗る気が起きない時は、朝食のあとサリバン先生と森の中へ散歩に行く。牛と馬が通った跡だけがある、道なき道へ足を踏み入れ、木々やたれ下がるつるの間をさまよい歩く。どうしても通り抜けできない茂みにぶつかり、回り道をすることもよくあった。そしていつも、月桂樹《げっけいじゅ》の枝、アキノキリンソウ、シダ、南部の湿地だけに見られるあでやかな花々を両手にいっぱいかかえて、帰って来るのだった。

妹のミルドレッドと、まだ小さいいとこたちを連れて、カキ取りに行くこともあった。私はカキを食べなかったが、その香りが大好きだった。草や葉をかき分けて、カキの実を探すのが楽しかったのである。木の実取りもした。私は、クリのいがをこじあけたり、ヒッコリーの実やクルミの殻を割ったりするのを手伝った。クルミは、大粒だった。それも、とっても甘い！

山のふもとには、鉄道が走っていて、子どもたちは、通り過ぎる汽車をながめた。時々、ものすごい汽笛の音を聞いて、みんなで階段のところまで走って行くこともあった。そんな時は、ひどく興奮した妹が、「牛か馬が線路の上に迷い込んでいるの」と教えてくれるのだ。一・五キロほど離れたところには深い峡谷があり、鉄橋が架かっていたが、その橋を歩いて渡るのは非常に危険だった。まくら木は細く、間隔があいていて、まるでナイフの上を歩くようなものだった。だから、一度も渡ったことはなかった。ところが、ある日、ミルドレッド、サリバン先生、私の三人は森の中で迷子になり、何時間も道が見つからずに歩き回った。

するとと不意にミルドレッドが、小さな手で指さしながら叫んだ。「鉄橋があるわ!」普通なら、鉄橋を渡るなんて考えられない。しかし、日は暮れて、暗くなりはじめていた。鉄橋が家へ帰る近道だったのだ。私は、つま先で線路のレールを確かめながらソロリソロリと前へ進む。それでも怖くはなかったし、順調に進んでいたと思う。その時、急に、遠くからかすかに「ポー、ポー」という音が伝わってきた。

「汽車よ!」ミルドレッドが叫ぶ。すぐに橋脚のところまで降りて行って、頭上を汽車が通過するのを待った。このとっさの判断がなければ、みんなひかれてしまっていただろう。機関車の熱い蒸気が顔に吹きかかり、もうもうとした煙と灰で三人とも窒息しそうになった。汽車がゴトゴトと音を立てて通過する間、鉄橋は振動し、大きく横に揺れる。下の谷まで跳ね飛ばされるかと思った。そして、ようやくのことではい上がり、線路の上に立つことができた。日が落ち、とっぷりと暗くなってから小屋に着いたが、中には誰もいない。家族はみんな、私たちを探しに外へでかけていたのだ。

第十二章

はじめてのボストン訪問以来、冬になるとたいてい北部で過ごした。一度、ニューイングランド地方の村を訪れたこともある。凍った湖、どこまでも続く雪原。私はその時はじめて、「雪の宝物」を手にするチャンスを得たのである。

冬が近づくと、神秘の手が、木々や茂みから葉をむしり取り、わずかな枯れ葉しか残さない——この事実を知った時の驚きは忘れられない。鳥たちは飛び去り、丸はだかの木にはからっぽの巣が残されるが、そこも雪でいっぱいになる。冬は、山にも平野にも訪れる。大地は、冷たい手に触れられて、麻痺《まひ》してしまったかのようだ。木の精は根っこの中に引っ込み、暗闇《くらやみ》の中で丸くなって深い眠りにつく。すべてのいのちが衰えたかのようで、たとえ太陽が顔を出していたとしても、その一日は、次の詩のようなありさまとなる。

身は縮み、冷え切って
血管は枯れはて、年老いたかのよう
そしてよろよろと立ち上がり
今わの際のうつろな視線を大地と海に向ける

しおれた草や茂みは、つ、ら、ら、の森に姿をかえる。

それから、冷気が、吹雪の到来を告げる日がやって来る。私たちは戸外へ飛び出し、空から落ちてくる最初の小さな雪片に触れようとした。雪はしんしんと降り続く。そして、地上は、ますます白く平坦《へいたん》な地形へと変わっていく。やがて雪降る夜がしのびよる。夜が明けると、昨日までの風景はどこにもない。道路はすべて雪に埋もれ、道しるべになるようなものは覆《おお》い隠されている。ところどころに木が突き出ているだけの、一面の銀世界だ。

夕方になり北東風が吹くと、雪が吹き荒れはじめた。だが、家の中で大きな暖炉の前に座り、愉快に話したわむれていると、外との連絡が絶たれ、さびしく孤立していることも忘れてしまう。とはいえ夜間、風は激しさを増し、ついには私たちを形容しがたい恐怖に陥《おとしい》れた。荒れ狂う風。天井の垂木《たるき》はきしんでギーギーと音を立てる。家の周りでは、木の枝がざわめき、窓を叩《たた》いた。

吹雪がはじまってから三日目に、雪はやんだ。日の光が雲間からもれ、起伏のある広大な平原に降りそそぐ。小山のように雪が盛り上がったところ、風変わりなピラミッド状になったもの、道をふさぐ雪の吹き溜《だ》まり——こういった光景があらゆるところに点在していた。

ショベルで雪かきをし、細い道が作られる。私はマントをまといフードをかぶり、外へ出た。冷たい外気が、炎のようにほおをさす。作られたばかりの道も歩くが、半分は、あまり雪のないところを選び、雪をかきわけて進む。そして、広い牧場の前にある松林にたどりついた。白くなったマツの木は、まるで大理石のレリーフ（浮き彫り）のように静かに立っていた。マツ葉の香りはまったくしない。日光が木々に降り注ぎ、小枝はダイヤモンドのように輝く。手で触れると、枝からは雪がどっと落ちてくる。まぶしい日の光は、私の目を覆っている暗闇の中にまで射《さ》しこんでくるほどだった。

日が経《た》つにつれ、雪はしだいに溶けていく。だが完全に地面から姿を消す前に、また吹雪がやってくるのだ。だから、冬の間中、ほとんど土の地面を踏むことはできなかった。時折、木々からは「氷の衣」が消え、イグサや下草が地面から顔を出すこともあった。しかし、太陽が照りつけても、湖は固く凍ったままだった。

その冬のお気に入りの遊びは、そりすべりだった。湖の岸辺が坂になっているところがある。この急斜面を利用して、滑り降りるのだ。私たちがそりに乗り、男の子が後ろからドンとそりを押すと、出発だ！　そりは雪の斜面を走り抜け、くぼみを飛び越え、ものすごい勢いで氷の湖面へ突っ込む。そしてあっという間に、きらめく氷の上を向こう岸までたどり着く。何という楽しさ、何という興奮と爽快《そうかい》感だろう！　ほんの一瞬だけ、私たちを地面に縛り付けていた鎖を断ち切り、風と手を取り合って、天国の気分を味わったのだ！

第十三章

話し方を学んだのは一八九〇年の春、十歳の時である。他人が聞き取れるようなことばを発したいという欲求は強く、抑えがたいものだった。以前は、片手をのどにあて、もう片方の手で自分の唇の動きを確かめながら、雑音を出しているにすぎなかった。私は音を出すものならなんでも好きで、のどを鳴らすネコや、吠《ほ》える犬にさわるのも好きだったし、歌っている人ののどや、演奏しているピアノに手を当てるのも好きだった。一歳七ヶ月で視力と聴力を失う直前は、急速にことばを覚えているところだった。しかし、熱病に冒されて耳が聞こえなくなってからは、ことばを話さなくなっていた。その後は、母のひざの上に一日中座り、両手を母の顔にあてていることが多かった。唇の動きを手で感じることが面白かったのだ。そして自分の唇も動かしてみた。もうその頃は、話すことがどういうことか忘れてしまっていたが……。友人たちによれば、私はごく普通に声を出して笑ったり泣いたりしていたという。しばらくは、いろいろな音を出したり、単語の断片を口にしたりしていた。といっても意志をつたえようというのではなく、発声器官の運動のためだった。それでも、まだ覚えている単語がたった一つだけあった。「ウォーター」である。もちろん、「ウォ、ウォ」としか発音できなかったが。そのことばも、サリバン先生に教わる頃までに、理解不能な「音」となっていた。そして指文字を覚えてからは、もう使わなくなってしまった。

ずっと以前から、周りの人たちが、私とは違うコミュニケーション手段を使っていることは知っていた。耳が聞こえない子どもでも話せるようになるということを知る以前から、自分が習得した伝達手段には不満を持っていた。指文字を使った「指話《しわ》」だけに頼っている人間は、いつも不自由を感じるものなのだ。なんとかして欠けている部分を補いたいという、もどかしい思いが私を悩ませた。何度も、思考が私の中から湧《わ》き上ってきて、鳥のように風に向かって羽ばたこうとする。だから私は、自分の唇と声を使うのをあきらめなかった。しかし友人たちは、この努力をやめさせようとした。失敗して落胆させてはいけないと思ったのだ。だが、それでも私はあきらめなかった。するとまもなく偶然から、この大きな障害は克服される。ラグンヒルド・カータという少女のことを知ったのである。

一八九〇年、あのローラ・ブリッジマンを教えたことがあるラムソン夫人が、私に会いに来た。夫人は、ちょうどノルウェーとスウェーデンの訪問から戻ったところで、ノルウェーの少女、ラグンヒルド・カータの話をしてくれた。この少女も、耳が聞こえず目も見えなかったが、教育を受けて話せるようになったという。この話が終わった時には、もうやる気に火がついていた。「私も話せるようになってみせる」と固く決心したのである。そこで、サリバン先生に頼み込んで、ホレスマン聾《ろう》学校のサラ・フラー校長のところへ連れて行ってもらい、助言と援助を求めることにした。美しく、やさしいフラー校長は「私が教えましょう」と申し出てくれた。そして、一八九〇年三月二十六日に話し方の訓練が始まったのである。

彼女の訓練方法はこうだ――私の片手を軽く自分の顔にあてさせる。そして、発声の時の舌と唇の位置を、手で確認させるのだ。口の動きを完全にまねしようとがんばった私は、一時間後には、Ｍ、Ｐ、Ａ、Ｓ、Ｔ、Ｉの六つの発音ができるようになっていた。フラー校長からは、全部で十一回のレッスンを受けた。はじめて、意味のある文を発音できた時の、驚きと喜びは生涯忘れないだろう。"It is warm."「あたたかい日です」。かたことでどもるような話し方だった。それでも人間のことばだった。新たな力に気づいた魂が、ついに束縛から逃れ、かたことのことばを通じて、あらゆる知識、信念を手に入れようと動き出したのである。

いままで聞いたこともないことばを話そうと、懸命に努力した耳の聞こえない子どもは、最初の一語を発したときにからだを包んだ、驚きの震えと発見の喜びを忘れることはできない。愛のことばも鳥の歌声も、音楽も聞こえない沈黙の牢獄《ろうごく》からとうとう抜け出したのだから。そのあと私は、おもちゃ、石、木々や鳥、口の利《き》けない動物にまで話しかけた。私の呼びかけに答えて、妹のミルドレッドが走ってきてくれた時、犬が私の命令に従った時、どんなにうれしかったか——。この時の私の気持ちは、同じ経験をしなければ実感できないだろう。通訳を必要としない、「羽の生えたことば」を話せるようになったことは、言いようのないほど有り難かった。ことばを話すと、考えが喜びにあふれて飛び立っていく。私の指からどうしても抜け出せずに、あがいていたはずのことばが……。

といっても、こんなに短期間で、私が普通に話せるようになったわけではない。まだ、話すための基礎を学んだにすぎないのだ。フラー校長とサリバン先生は私の言うことを理解できたが、普通の人は、百語のうち一語も理解できなかったかもしれない。それに基礎を習ったあと、残りの訓練をすべて自分でやったわけでもない。サリバン先生の才能、忍耐、粘り強さ、献身がなければ、とうてい自然な話し方に近づくことはできなかっただろう。まず、親しい友だちがなんとか理解してくれる段階に達するまでは、昼夜の区別なく練習しなければならなかった。それから、いつもサリバン先生の助けを借りて、一音一音を明瞭《めいりょう》に発音し、すべての音を自在に組み合わせられるよう努力したのだ。私が二十二歳になったいまでも、先生は、毎日、単語の発音を間違えると注意してくれる。

聾学校の教師であれば、これがどういうことなのかわかるだろう。耳が聞こえない人にことばを教えたことがなければ、私の苦労を身にしみて理解できないと思う。私の場合、声帯の振動、口の動き、顔の表情を知るのに、実際に手で触れてみなければならなかった。しかも、この作業は間違いがつきものだ。そんな時は、同じことばや文を何度も繰り返させられた。時には何時間もくり返して、やっと正しい発音ができたとわかる。ひたすら、練習、練習、練習のくり返し。何度、落胆と疲れで挫折《ざせつ》しそうになったことか。それでも、次の瞬間に頭に浮かんだのは家族のことだった。もうすぐ家に帰り、みんなにことばを聞かせることができる――この思いに励まされ、私の練習成果に、家族が喜ぶ様子を思い描いた。

「妹が、私の言うことをわかってくれる」そう思うだけで、あらゆる障害を乗り越えられた。「私だってことばを話せる」とくり返し自分に言い聞かせ、恍惚感《こうこつかん》にひたった。母に話しかけ、母の唇から返事を読みとれるようになった時の喜びを想像すると、落ち込むことはなかった。実際、指文字よりも口で話す方がはるかにやさしいのに驚いた。だから話せるようになると、自分から指文字を使うことはやめてしまった。それでもサリバン先生と少数の友人たちは、いまでも指文字を使って話しかけてくれる。私が唇を読むより、この方がずっと便利で早いからだ。

ここで、「指文字」について少し説明した方がよいかもしれない。事情をよく知らない人は、疑問に思うかもしれないからだ。私に本を読んでくれたり、話しかけたりする人は、片手でアルファベットに相当する形を作り、私の手に文字を綴《つづ》る。おもに耳が聞こえない人が使うこの文字を「指文字」という。「指話」をする時は、指の動きを邪魔しないよう、お互いの手を軽く合わせる。指文字を手の感触で理解するのは、目で理解するのと変わらない。皆さんは、本を読むときに一文字一文字をばらばらに見て理解するわけではないと思う。私も指文字を一文字ずつ読みとっていくのではない。練習を続けると、指を自在に動かすことができるようになる。タイプライターの早打ちと同じくらいのスピードで、指文字を綴れる友人もいる。文章を書くのと同じ要領で、意識しなくても自然に手が動くようになるのだ。

やっと自分で話せるようになった時、家に帰るのが待ち遠しくてならなかった。ついに待ちに待った喜びの瞬間がやってきたのだ。家へ向かう列車の中で、私はずっとサリバン先生に話しかけていた。話がしたかったのではない。最後まで練習をして少しでもうまくなろうと思っていたのだ。そしてふと気がつくと、列車はタスカンビア駅に到着していた。ホームには、私を出迎えようと家族が勢ぞろいしていた。この時のことを思い起こすと、いまも涙があふれてくる。母は私をきつく抱きしめてくれた。私が話すかたことのことばを一語一語聞きながら、喜びに打ち震え、ことばもない。妹のミルドレッドは私の空いている手にキスをしてから、喜びのあまり跳び回った。父はずっと黙っていた。これが、父なりの、娘への誇りと愛情の表現だった。まるで、旧約聖書中の預言者イザヤのことばが、私の上に成就《じょうじゅ》したかのようだった。聖書にはこう書いてある。「山と丘は喜びの声を上げ、野の木々はみな手を打ち鳴らすだろう」と。

第十四章

一八九二年の冬。この時、子ども時代の晴れわたった空に、一点の雲が現れ、にわかに暗くなった。喜びは心から姿を消し、かなりの長期間にわたって、疑いと不安と恐れを抱いて暮らすことになる。読書への興味も消えてしまった。いまでも、あの恐ろしい時期のことを思うと、心が寒くなる。私は、「霜《しも》の王様」という短編物語を書き、パーキンス盲学校のアナグノス校長に送った。それが問題のはじまりだった。問題を整理するため、この事件に関連した事実をお話ししたい。サリバン先生と私への疑いを晴らすために、どうしても書く必要があるのだ。

私は「霜の王様」という物語を家で書き上げた。話せるようになった、翌年の秋のことである。私たちは、例年よりも遅くまで、「シダの石切り場」の別荘に滞在していた。滞在中、サリバン先生は紅葉の美しさを説明してくれた。この説明で、以前どこかで読んでもらった物語が私の記憶によみがえったらしい。無意識のうちに記憶していたに違いないのだが、その時は、自分で創作したのだと思いこんでしまった。だから、ストーリーを忘れてしまわないうちに、一生懸命書き留めようとした。自由に思考が流れてゆき、「創作」の喜びを感じた。ことばとイメージが指先へ流れ込み、次から次へと文が浮かんでくる。それを点字板に書き付けていくだけでいいのだ。いま考えてみると、ことばやイメージがすらすら浮かぶこと自体、自分の頭で考えたのではなく、忘れ去られた「迷子の記憶」から物語が引き出された動かぬ証拠なのである。しかし当時の私は、原作者のことなど思いもよらない。読んだものすべてを、ただひたすら吸収していくだけだった。実はいまでも自分の考えと、本で得たものとの区別がきちんとつかない。これは、私が手にする印象の多くが、他人の目と耳を介するためだろう。

物語を書き終えると、私が読み、サリバン先生に聞いてもらった。うまく書けた部分はうれしくなったが、途中で単語の発音を直されて嫌な思いがしたのを、いまでもはっきりと思い出せる。夕食の席で、集まった家族の前でこの物語を朗読した。私がこんなにうまく文章が書けたことに、みんな驚きを隠せない。何かの本で読んだ物語ではないか、という声もあった。

この質問に、私は唖然《あぜん》とした。誰かにこの話を読んでもらった記憶はまったくなかったからだ。だから、はっきりとこう答えた。「とんでもない、これは私が考えたストーリーよ。アナグノス校長のために書いたの」

そこで、私はこの物語をもう一部清書して、アナグノス校長への誕生日プレゼントとして送ることにした。題名は、「『紅葉《もみじ》』ではなく『霜の王様』へ変えたら？」というアドバイスに従って、変更した。そして、この物語を手に、天にものぼる気持ちで郵便局へと向かった。しかしこのプレゼントが原因で、あんなひどいことになるとは思いもよらなかった。

アナグノス校長は、「霜の王様」を気に入り、パーキンス盲学校の活動報告に載せてくれた。この時が私の得意の絶頂だった。しばらくして、私は失意のどん底に突き落とされるのだ。私がボストンへ行ってまもなく、「霜の王様」そっくりの物語が発見されたのである。それは、マーガレット・T・キャンビーという女性作家が書いた『霜の妖精《ようせい》』という物語で、私が生まれる前に『小鳥とその友だち』という本に収められ出版されていたのだった。ふたつの物語は、ストーリーもことば遣いもそっくりだったから、キャンビー女史の物語を誰かが私に読んで聞かせたことは明らかだった。つまり、私の物語は盗作ということになる。すぐには何のことだかわからなかった。だが事態を理解すると、呆然《ぼうぜん》とし、悲嘆にくれた。これほど苦い水を飲んだ経験のある子どもはまずいないだろう。自分が恥をかいただけでない。私の最も愛する人たちまで疑われる結果になったのだから。それにしても、なぜこんなことになってしまったのだろう。昔の記憶を必死で探ったが、「霜の王様」を書く前に、何か霜について読んだことなど思い出せず、へとへとになってしまった。思い出せるのは、霜のことを「ジャック・フロスト」と擬人化して呼ぶことと、子ども向けの詩「霜のいたずら」のことくらいだった。しかし「霜の王様」は、この詩から引用したのではないことは自分でもわかっていた。

はじめアナグノス校長は、非常に困惑したが、私を信じてくれたようだ。校長は、私にとてもやさしく親切にしてくれたから、それだけでも、不安は少し和らいだ。校長を喜ばせるために、私はつとめて明るく振る舞った。そして、このあとすぐにやってくるワシントン誕生記念日のお祝いのためにも、少しでもきれいで、落ち着いて見えるように努力したのである。

このとき私は、目の見えない少女たちが演じる仮面劇に出て、豊作の女神、ケレスを演じることになっていた。私はいまでもはっきりと思い出すことができる——私を包む、ゆったりとした美しい衣装、頭上を飾る紅葉の冠、両手に抱え、足元にも置かれた果実と穀物を。しかしその華やかさの裏では、不吉な予感がして、心は重くなっていた。

二月のワシントン誕生記念日の前夜のこと。盲学校の女教師から「霜の王様」に関連した質問を受けた。それに対して私は、ジャック・フロストと素晴らしい霜の造形について教えてくれたのは、サリバン先生だと説明した。私のことばから判断したのだろう、彼女は、私がキャンビー女史の『霜の妖精』を読んでもらった記憶がある、と自白した、と勘違いした。そして、そのことをアナグノス校長に報告したのだ。もちろん「あなたは誤解している」と、この女教師にははっきりと言ったのだが……。

私を心から愛してくれたアナグノス校長は、この告げ口で「だまされていた」と思い、心から無実を訴えても耳を貸さなくなった。校長はこう信じていた、いや少なくともこう疑っていたのである――サリバン先生と私は、他人の素晴らしいアイディアを故意に盗用し、自分の賞讃《しょうさん》を得ようと送りつけたのだ、と。それから、盲学校の教師と役員による査問委員会が開かれ、私は呼び出された。サリバン先生は入室を許可されなかった。さまざまな質問が飛んだが、何がなんでも、『霜の妖精』を読んでもらった覚えがあります、と私に認めさせようとしているようだった。ひとつひとつの質問に、疑いの念が感じられる。愛する友だったアナグノス校長が、非難の目で見ているのもわかった。しかし、到底ことばで説明することはできない。血が心臓に集まり、ドクンドクンと鼓動する。ことばに詰まり、「はい」とか「いいえ」とか答えるのがやっとだった。すべて誤解だとわかっていても、苦痛は和らぐことはない。そして、ようやく退出を許可された時、私は呆然としていた。サリバン先生の抱擁も、友人たちのやさしいことばにも気がつかないくらいだった。「まだ子どもなのに、勇気がある。みんなあなたのことを誇りに思っていますよ」と声をかけてくれたのに……。

その晩、私はベッドで横になりながら泣いた。こんなに泣いた子はちょっといないだろう、と思うほど泣いた。からだが冷え切っている感じがして、このまま、夜明け前に死ぬのではないかと思った。そう思うと、かえって気分が楽になった。もしもこの悲しい事件が、もう少し大人になってから起きたのなら、打ちひしがれ、二度と立ち上がることはできなかっただろう。けれども、この時は「忘却の天使」が、惨《みじ》めな思いも、悲しかった日々もまとめてどこかへ運び去ってくれたのである。

サリバン先生は、『霜の妖精』のことも、その物語が収められていた本のことも聞いたことがなかった。アレクサンダー・グラハム・ベル博士の助けを借りて、サリバン先生は真相を究明しようとした。そしてついに、ソフィア・C・ホプキンズ夫人が、四年前の一八八八年当時、キャンビー女史の『小鳥とその友だち』を一冊持っていたことが判明した。四年前といえば、私たちが、ブルースター海岸で、夫人と夏を過ごした年である。夫人はその本を見つけることはできなかったが、当時、サリバン先生の休暇中に、私を楽しませようといろいろな本を読んだ覚えがあると打ち明けてくれた。夫人も、『霜の妖精』を読んだ記憶はなかったが、この物語が『小鳥とその友だち』の中に入っていたことは間違いない、と言ってくれた。本の行方がわからなくなったことについてはこう説明してくれた——ほどなく、家を売却し、その時に多数の児童書を処分した。古い教科書やおとぎ話も捨てたから、『小鳥とその友だち』もいっしょに処分してしまったのだろう、と。

当時の私は、話の筋などわからなかった。ただ、見たことがない単語の綴りだけでも、ほかに楽しみのない子どもの娯楽として十分だった。この話を読んでもらった状況については何も思い出せないが、私がそこに出てきた単語を暗記しようと一生懸命だったのは間違いない。サリバン先生が戻ってきたら、意味を説明してもらおうと思ったのだ。ひとつだけ確かなことがある。それは、この物語で使われたことばが、私の脳裏に封印されたまま、長い間、誰も気がつかなかったことである。なにしろ自分自身が全く気づかなかったのだ。

サリバン先生が休暇から戻った時、私は『霜の妖精』のことを話さなかった。おそらく先生がすぐに『小公子』を読み始めたので、夢中になって他のことは忘れてしまったのだろう。とにかく、キャンビー女史の物語を一度読んでもらったのは事実である。そしてそのことを忘れてだいぶ経《た》ってから、原作者がいることに気がつかないほど自然に、私の脳裏によみがえったのだ。

苦境にあった時、愛と同情のメッセージをたくさん受け取った。ひとりを除く親友すべてが、今日に至るまで私の良き友でいてくれる。

キャンビー女史自身が、好意的な手紙をくれた。「いつかあなたも、自分の頭で考えた素晴らしい物語を書くことでしょう。そして、多くの人々の慰めと助けになる日が来るはずです」だが、この好意的な予言はまだ実現していない。私は、この事件以来、「ことば遊び」をしていないからだ。それどころか、「私が書くものは、自分のものではないのではないか」という思いにずっと苦しめられている。この事件以後は、母に手紙を書くときでも、突然不安に襲われるのだ。そして何度も何度も書き直して、どこかで、本で読んだものではないことを確かめる。サリバン先生の絶えざる励ましがなかったら、文章を書くことをあきらめていたと思う。

その後、私は『霜の妖精』を読み、いままでに書いた手紙を読み返してみた。すると、キャンビー女史の考えを使っているものが見つかった。その中には、一八九一年、九月二十九日付でアナグノス校長に宛《あ》てた手紙もある。そこで使ったことば遣いや感情が、キャンビー女史の本とそっくりなのである。このとき私は「霜の王様」を書いていた。そしてこの手紙にも——他の手紙もそうだったが——この物語で頭がいっぱいになっていることを示す文句が並んでいた。サリバン先生が、「金色の秋の葉」についてて話してくれたと書いてある。「そう、紅葉はあまりにも美しくて、過ぎ去った夏を惜しむ私たちを慰めてくれる」と。しかしこれは、キャンビー女史の物語から直接借りてきた考えなのである。

気に入ったことばを吸収し、それを自分のものとして書く癖は、幼い時の手紙や、まだ書きはじめの頃の文章を読むとよくわかる。私は、ギリシアとイタリアの古代都市についての作文を、情熱をこめて書いたことがある。しかし自分では忘れてしまったものの、出所は別にあり、それをもとに書き上げたものだった。アナグノス校長が古代に強い関心をもち、古代イタリアとギリシアのロマンをこよなく愛していることを私は知っていた。だから、自分が読んだ本のあちこちから、校長が喜びそうな詩や歴史をかき集めてきたのである。アナグノス校長は、「詩的な考えに満ちている」と作文を褒めてくれた。しかし、目と耳が不自由な十一歳の子どもが、すべてを創作したとは思わなかったのではないだろうか？　それでも、発想がオリジナルでないからといって、この小品がつまらないものになるとは私には思えない。この作文は、美しい詩的イメージを味わい、それを明瞭《めいりょう》で生き生きとしたことばで表現する能力が当時の私にあったことを示しているのだと思う。

この頃の作文は「知的訓練」のようなものだった。若く経験のないものは、吸収と模倣によって考えをことばにするものだ。この時の私も例外ではなかった。私も気に入った言い回しを本の中で見つけると、意識するしないにかかわらず、すべてを記憶の中に蓄え、あとでそれを少し変えて使ったのだ。『宝島』の作者、スティーブンソンはこう言っている——若い作家は、感心する文章があると、無意識のうちにまねようとする。そしてそれに手を加え、実にさまざまな形で表現するものだ、と。偉大な作家でさえも、膨大なことばを自由自在に使いこなせるようになるには、何年もかけてこの種の文章修行を積まなくてはならないのである。

残念ながら、私は、まだ訓練の途上にある。自分の考えと、本で読んだ考えとを区別できないことがあるのは確かだ。なぜなら、読んだものが私の精神の一部となり、「血肉」となってしまうからだ。だから私が書くものはほとんど、裁縫を習い始めたころに作ったような、ひどいつぎはぎになってしまう。このつぎはぎは、ありとあらゆるはんぱな布でできている。絹やビロードのようなきれいな布も少しは混じっているが、大部分はごわごわした粗悪な布である。私の書く文章も、このつぎはぎのようなものなのだ。自分自身の未熟な考えが中心で、そこに自分が読んだ作家の卓越した考え、成熟した意見がちりばめられているにすぎない。人間の中には、本能的な思いが渦巻いている。文章を書くときの最大の苦労は、その混乱した思い、中途半端な感情や考えを、「理性のことば」で表現することにあると思う。ものを書く行為は、難解なパズルを組み立てていくようなものだ。頭の中には、あるイメージがあり、それをことばで表現したいと思う。しかしことばというピースが、うまくパズルにあてはまらない。あるいはうまくはまったとしても今度は模様がちがう――。それでも私たちは挑戦をやめない。すでに成功した人たちがいることを知っているからだ。あっさりと敗北を認めるわけにはいかないのだ。

「生まれつき独創的でなければ、独創的な人間にはなれない」とスティーブンソンは言った。私は独創的ではないかもしれない。それでもいつの日か、ぎこちない、借り物の作文の段階を卒業したいと思う。その時はじめて、私だけの考えや経験を表現できるのだろう。それまでは、自分を信じ、希望をもって頑張りぬこうと思う。そして、「霜の王様」の苦い思い出が足かせにならないよう気をつけたい。

こう考えると、この辛《つら》い経験も私にとってプラスとなり、文章を書くときの問題点について考える、いい機会になったのかもしれない。ただ残念に思うのは、この事件の結果、あれほど親しかったアナグノス校長と縁が切れてしまったことである。

本書はもともと、月刊婦人雑誌「レディーズ・ホーム・ジャーナル」に掲載されたものである。掲載後、アナグノス校長は、メイシー氏に宛てた手紙の中で、「事件当時はヘレンの無実を信じていた」と言っている。校長によれば、査問委員会は、目が不自由な人が四人、目が見える健常者が四人で、計八人のメンバーから成っていたという。そのうちの四人は、キャンビー女史の物語を読んでもらった覚えがあるのに、私がウソをついているという意見で、残りの四人はこの意見に反対だった。校長は、反対の方に一票を投じたという。

真実がどうだったのか、またどちらの側に彼が票を投じたのかはわからない。だが、私が、査問委員会が開かれた部屋に入って行った時、私に疑いを持っているらしい人たちがいるのがわかった。そこは、以前、アナグノス校長が私をひざの上に乗せ、無邪気にふざけあった部屋だった。しかし私が足を踏み入れた時、部屋には、敵意と険悪な雰囲気が感じられた。その後行なわれた詰問は、この直感が正しかったことを証明している。アナグノス校長は、二年間は、私とサリバン先生の無実を信じていたようだ。それから、明らかにこの好意的な見方を変えた。なぜだかはわからない。また査問の詳細も知らない。委員会で、私に話しかけなかったメンバーの名前すらわからない。私は興奮のあまり取り乱し、恐怖で質問もできなかった。実際、その時にどんな質問を受けたのか、また何と答えたのかすら、よくわからないありさまだったのだ。

ここまで「霜の王様」事件について説明をしたのは、私の人生と教育上の重大な事件だったからだ。そして誤解が起きないよう、すべての事実をありのまま述べ、自己弁護や他人の非難にならないよう気をつけたつもりである。

第十五章

「霜の王様」事件後の夏と冬は、アラバマで家族とともに過ごした。尋問が終わり故郷へ帰ったときのうれしさは、忘れられない。すべてのものが芽を出し、花が咲き乱れていた。幸せだった。その中で「霜の王様」のことは忘れてしまった。

秋になり、地上が深紅と金色の落ち葉でちりばめられ、庭の隅のあずまやを覆《おお》っている、ジャコウの香りがするブドウが、日の光を浴びて金褐色に変わろうとする時、私はそれまでの人生を書き留めはじめた。「霜の王様」を書いてから一年後のことだった。

その時でもまだ、自分が書くものすべてに異常なほど神経をとがらせていた。自分の文章に、他人からの借りものが紛れ込んでいるのではないか、という思いに苦しんでいたのである。私の胸のうちを知っていたのは、サリバン先生だけだった。私は不思議なほど神経過敏になって、「霜の王様」のことには触れないようにしていた。会話の中で、ふとアイディアがひらめくと、先生の手にそっと指文字で綴《つづ》ったものだ。「これが自分自身の考えなのか、自信がないわ」また、文を書いている途中で、つぶやくこともあった。「もし今書いていることが、ずっと以前に他人が書いたものだったら、どうしよう?」気まぐれな不安が襲ってくると、その日はもう書くことができなくなる。今でも、同じ心の動揺を感じることがある。サリバン先生は、私をなぐさめ助けようと、手を尽くしてくれた。それでもあの恐ろしい体験が、脳裏から去ることはない。この影響の大きさを、私もようやく理解しはじめたところである。自信回復を願うサリバン先生の説得で、「ユース・コンパニオン」誌に、短い自叙伝を書くことになった。この時は、まだ十二歳。その執筆の苦労を思い返すと、このあとにはきっといい事があるという予感めいたものがあったのだと思う。そうでなければ、最後までがんばれなかっただろう。

サリバン先生に励まされ、恐る恐るだが、決意を持って書きはじめた。先生は、私がこれをやり抜けば、再び精神的な足がかりを見つけ、自信を取り戻せるとわかっていたのである。「霜の王様」事件までは、私はのんきで無邪気な人生を過ごしてきた。だが今や私の思考は内省的になり、目に見えないものを見ることができるようになった。試練により思考が研ぎ澄まされ、人生をより切実に理解できるようになった。それとともに、しだいにあの悲痛な事件の影から抜け出ることができたのだった。

一八九三年のおもな出来事は、クリーブランド大統領の就任式が行なわれている時に、首都ワシントンを訪問したこと。それにナイアガラの滝とシカゴの万国博覧会へ行ったことだ。このような状況だったから、勉強は中断ばかり。何週間も何もしないこともあった。だから、この頃の勉強については一貫した話はできない。

ナイアガラへ行ったのは一八九三年三月のことである。「アメリカ滝」を見下ろす断崖《だんがい》に立ち、大気と大地の震動を感じたときの気持ちは、到底ことばでは言い表せない。

しかし私がナイアガラの滝の驚異と美に感動するのを、不思議に思う人も多いようだ。いつもこういう質問をされる。「滝の美しさと音楽は、あなたにどんな意味があるのか？　あなたには下で逆巻く波も見えないし、この轟音《ごうおん》を聞くこともできない。いったいどんな意味があるのですか？」はっきりと言えるのは、それらは私にとって何よりも大切なものだということ。私は大自然の美しさの意味を説明したり、定義したりできないが、それは、愛や宗教や善の場合も同じではないだろうか。どれもかけがえがなく、説明できないものばかりだ。

一八九三年の夏、サリバン先生と私は、アレクサンダー・グラハム・ベル博士とともにシカゴの万国博覧会へ行った。この、少女時代の無数の空想が美しい現実となった日々を思い返すと、純粋な喜びにひたることができる。毎日、想像の中で世界一周旅行をし、世界の最果ての地の驚くべき事物を見た――度肝を抜かれるような発明品、工業製品や職人芸、人間のありとあらゆる活動を、指先で感じることができたのである。

私は、見世物がひしめく、にぎやかな大通り「ミッドウェイ・プレザンス」へ行くのが好きだった。まるで「アラビアン・ナイト」だ。珍しくて面白いものばかり。ここには、本で読んだインドがあった。風変わりな市場が開かれ、ヒンズー教のシバ神やゾウ神がいる。ピラミッドの国もあり、模型のカイロの町には、イスラム教寺院やラクダの行列があった。その向こうには、水の都ベニスのラグーン（潟湖《せきこ》）がある。夕方、会場と噴水がライトアップされる頃になると、毎日そこで舟に乗った。この小舟からそれほど離れていないところには、バイキング船が浮かんでいて、それにも乗った。以前、ボストンで軍艦に乗ったこともあるが、このバイキング船では、昔は船乗りが大活躍していたことを知り興味深かった――嵐《あらし》もなぎも勇敢に乗り越え、「俺たちは海の男だ！」という雄叫《おたけ》びに言い返してくる者がいると、誰かまわず追いかけてゆく。知恵と腕力だけで戦い、頼りにするのは自分だけ。今の船乗りのように、愚かな機械にまかせっきりということはなかった。「人間ほど面白いものはない」ということばは、いつの時代も真実なのである。

このバイキング船から少し離れたところに、コロンブスがアメリカ大陸発見の時に乗っていたサンタマリア号の巨大な模型があった。この船も探検してみた。船長がコロンブスの船室まで案内してくれ、砂時計の置いてある机を見せてくれた。私が一番関心を持ったのは、この砂時計である。行けども行けども、大陸が見つからなかったコロンブスは、砂粒が落ちるのをながめながら、うんざりしていたにちがいない。その時、やけっぱちになった船員たちは彼の命を奪おうと企《たくら》んでいたのだった……。

シカゴ万博の総裁、ヒギンボサム氏は好意的で、私が展示物に触れることを許可してくれた。そこで、インカ帝国を侵略したピサロが、飽くなき欲望で財宝を奪ったように、私も、万博の宝物をむさぼるように手にしたのだった。「ホワイト・シティ」と呼ばれたシカゴの万博は、まるで手に触れられる万華鏡《まんげきよう》のようだった。すべてのものに魅了された。中でもフランスのブロンズ像は特別だった。まるで生きているよう。天使を捕まえた芸術家が、地上の作品にしたて上げたかのようだった。

アフリカ大陸南端の、喜望峰の展示では、ダイヤモンドの採掘作業について多くのことを学んだ。可能な限り、動いている機械にもさわってみた。原石の重さを量り、カットし、研磨する工程をよく理解したかったからだ。私は、洗鉱《せんこう》の中からダイヤの原石を見つけたが、「それは、アメリカで見つかった唯一《ゆいいつ》本物のダイヤモンドだよ」とからかわれたのだった。

ベル博士は、どこへ行くにも私たちに付き添い、面白おかしく、興味の尽きない展示品の説明をしてくれた。電気館では、電話、自動演奏器、蓄音機などの発明品を見学した。ベル博士は、距離と時間を飛び越え、電線を通って声が伝わる電話の仕組みや、ギリシア神話のプロメテウスのように、天から火を手に入れる方法について解説してくれた。人類館にも行ったが、そこでは、古代メキシコの遺跡から出土した粗末な石器が、私の注意を引いた。石器は、原始時代の唯一の記録であることが多い。私は指で触れながら、太古の人々が残したこの素朴な遺産は、王や賢者の記念碑が崩れ、ちりとなっても消えることはないだろうと思った。エジプトのミイラにも興味が湧《わ》いたが、さすがに手で触れる気はしなかった。この時、歴史上の遺物から、人類の進歩について学んだことは多い。その後、現在に至るまでに得た知識の量をしのぐほどのことを知ったのだった。

こうして、大量の新しいことばが私の語彙《ごい》に加わった。そして、それまでおとぎ話とおもちゃばかりを面白がっていた幼い私が、万博で過ごした三週間のあいだに精神的に大きく成長し、現実世界の真実と重みを理解できるまでになったのである。

第十六章

一八九三年十月、つまり十三歳までは、私は、気の向くまま、さまざまな教科の独学を続けてきた。ギリシア、ローマ、アメリカの歴史を読み、浮き出し文字のフランス語文法書で勉強した。すでにフランス語は少しかじっていたから、新しい単語を見つけると、文法規則や細かい決まりごとにはこだわらずに、短文を作って楽しんだ。さらに、文字と発音の関係がその本の中に書いてあるのを見つけた私は、誰の助けも借りずに、フランス語の発音までマスターしようとした。文字通り、微力をふりしぼり、高い目標に向かって進んだのだ。その甲斐《かい》あって、フランス語の勉強は雨の日の暇つぶしとなり、やがて上達して、ラ・フォンテーヌの『寓話集《ぐうわ》』やモリエールの戯曲『いやいやながら医者にされ』、ラシーヌの悲劇『アタリー』の一節を楽しめるようになったのである。

また、もっとことばがうまく話せるようになるためにも相当な時間を割いた。私が本を朗読し、サリバン先生に聞いてもらう。すでに暗記していたお気に入りの詩も暗《あん》誦《しょう》した。先生は発音やことば遣いを直し、声に抑揚をつけられるよう手伝ってくれた。そうこうするうち、時間を決め、特定の教科の授業を受けるようになったのは、万博見物の興奮と疲れから回復した一八九三年十月以降のことだった。

サリバン先生と私は、その頃、ペンシルベニア州ハルトンにある、ウィリアム・ウェード氏の家に滞在していた。近所には、有名なラテン語学者のアイアンズ氏が住んでいて、勉強を教えてもらうことになった。アイアンズ氏は、稀《まれ》に見る温和な男性で、広い経験を積んでいた。彼からはおもにラテン語の文法を習ったのだが、面倒でつまらなかった数学の勉強もよく手伝ってもらった。イギリスの詩人、テニソンの『イン・メモリアム』は一緒に読んだ。私は、本はたくさん読んでいたが、批評的に読んだことはなかった。この時はじめて、作者を意識し、友人と握手すればすぐ誰かわかるように、その文体の違いを区別できるようになったのだ。

実は、最初はラテン語文法の勉強はあまり気が進まなかった。意味がはっきりとわかっているのに、名詞、所有格、単数、女性形などと、すべての単語を分析して時間の無駄遣いをするのは、愚かなことだと思ったのだ。そんなことをするのは、ペットを知るのに、細かく分析するようなものだ、と。たとえばうちのネコでいうなら、

「門」は脊椎《せきつい》動物門、「綱《こう》」は哺乳《ほにゅう》綱、「属」はネコ属、「種《しゅ》」はネコ、「個」としてはぶちネコのタビー。こんな風に分類しても無意味だろう。だが、文法を勉強していくうちに、興味が深まり、ラテン語の美しさに魅せられた。知っている単語を拾い読みしながら、文の意味を想像する。こんなラテン語の読書の仕方を楽しむようになった。いまでも、この気晴らしはやめられない。

外国語の習い始めの時に浮かんでくる、はかなく瞬間的なイメージや情感。私はこれほど美しいものはない、と思っている——気まぐれな空想によって形と色を与えられて、「精神の空」を飛び交う思いは真に美しい。授業中は、サリバン先生が私の横に座り、アイアンズ氏の言うことをすべて手に綴り、私の代わりに新しい単語を調べてくれた。こうしてジュリアス・シーザーの『ガリア戦記』を読み始めたころ、私は故郷アラバマへの帰途についたのである。

第十七章

一八九四年の夏、全米聾《ろう》教育促進協会（AAPTSD）の会合がニューヨーク州のショトーカ湖畔で開かれ、私も出席した。そこで、ニューヨーク市のライト・ヒューメイソン聾学校へ入学することが決められた。一八九四年十月、サリバン先生に連れられて、この聾学校へ行ったが、ここは特に「発声」と「読唇術」で最高の成果をあげられるように選ばれたのである。この二つの訓練に加え、聾学校に在籍した二年のあいだに数学、自然地理、フランス語、ドイツ語を勉強した。

ドイツ語のリーミイ先生は指文字を使えたから、少し単語を覚えると、時間さえあれば、いっしょにドイツ語で話をした。数ヶ月経《た》つと、彼女の言っていることはほとんどわかるようになった。一年も経たないうちに『ウィリアム・テル』を読めるようになったが、この話は面白くてたまらなかった。ドイツ語は、教科の中では一番上達したと思う。しかしフランス語は、はるかに難しかった。フランス語を習ったオリビエ先生は、指文字がわからない。だから、口頭で説明するしかなかった。私は、なかなか彼女の唇を読むことができなかったから、ドイツ語よりも、進歩ははるかに遅かった。それでも、モリエールの戯曲『いやいやながら医者にされ』をもう一度読むことができた。とても面白かったが、『ウィリアム・テル』には到底及ばない。

読唇術と話し方のほうは、先生たちと私が期待したほどはうまくはならなかった。私は、普通の人と変わらないくらい上手に話せるようになりたかったし、先生たちはこの目標を達成できると信じていた。そして、先生も私も一生懸命、真剣に頑張ったのだが、ゴールには手が届かなかった。結局、目標が高すぎたからがっかりすることになったのだと思う。そして数学は、いまだに落とし穴が多い学科だった。「当てずっぽう」ばかりで、論理的に考えることを避けていたから、自分も苦しみ他人にも迷惑をかける結果になった。そして当て推量すらしない時は、すぐに結論に飛びついてしまう。私の頭が鈍かったせいもあるが、この悪い癖のため、必要以上に苦手意識を強めてしまったのである。

こうして、うまくいかずにひどく落ち込んでしまうこともあったが、他教科の学習意欲は衰えることがなかった。特に自然地理への興味は尽きることがない。大自然の秘密を知ることは楽しかった。旧約聖書の詩的なことばを使えばこうなるだろう――

いかにして風は天の四隅から吹き、水蒸気は大地の果てから立ちのぼるのか？ 川はいかにして岩間に消え、山は木の根に崩されるのか？ また人間はどのような手段で、自分自身よりも強力な自然の力に打ち勝ってきたのか？ 自然地理はこうしたことを学ぶのである。ニューヨークでの二年間は幸福なものであり、この年月を思い返すと、純粋な喜びで私の心は満たされる。

セントラル・パークを、毎日みんなで散歩した思い出は特に忘れられない。ニューヨーク市内で、心が落ち着く場所はここだけだった。この広大な公園にいると、いつも心がうきうきしてくる。ここへ入るたびに、あたりの景色を説明してもらうのが好きだった。あらゆる面において美しい。しかも、その「面」が無数にあり、私のニューヨーク滞在中に、毎日さまざまな美しさを見せてくれたのだった。

春になると、さまざまな名所へ遠足に行った。ハドソン川で船に乗り、詩人ブライアントが好んで歌った、緑の川岸をぶらぶらと散歩した。川の西岸沿いに伸びる絶壁「パリセーズ」は、素朴、野性的、雄大で気にいっていた。陸軍士官学校のあるウエスト・ポイントやタリータウンも訪れた。タリータウンでは、作家ワシントン・アービングの旧居へ行き、小説の題名にもなった「スリーピー・ホロー」の谷間を歩いた。

ライト・ヒューメイソン聾学校の先生たちは、どうしたら生徒たちに、耳が聞こえる人たちと同等の人生の恩恵を与えることができるだろうか、といつも考えていた――どうすれば、子どもたちのわずかばかりの個性と受動的な記憶力を活かし、不自由な状況から脱出させることができるだろうか？　これが先生たちの最大の関心事だったのだ。

ニューヨークを出発する前に、この明るい日々は、悲しい知らせでにわかに暗くなった。父の死を除けば、いままでで最大の悲しみだった。ボストン在住のジョン・P・スポールディング氏が一八九六年二月に亡《な》くなったのだ。彼を知り、大切に思っている人でなければ、彼との友情が私にとってどんなにかけがえのないものだったかはわからないだろう。スポールディング氏は、控えめで、見事なやり方で、すべての人を幸せにしてくれた。サリバン先生と私には、とりわけ親切にして下さった。愛情を注いでくれる彼の存在を感じ、私たちの困難な道のりを見守ってくれていると知るだけで、希望を失うことはなかった。スポールディング氏の死は、私たちの人生に、決して修復することのできない大きな穴をあけたのである。

第十八章

一八九六年十月、十六歳の時に、ラドクリフ・カレッジ(ハーバード大学の女子部にあたる)への進学準備のため、ボストン近郊のケンブリッジ女学院に入学した。

まだ小さかった時に、ウェルズリー女子大学を訪れたことがある。その時、こう宣言して友だちを驚かせた。「いつか大学へ行くわ。でも私が行くのはハーバードよ!」そして、なぜウェルズリーでは駄目なのかと訊《き》かれこう答えたのだ。「だって、ウェルズリーには女子学生しかいないじゃない」大学進学への思いは、心の中に根を張り、真摯《しんし》な望みとなっていた。そして、賢明な親友たちの強い反対を押し切って、目が見え、耳が聞こえる女子学生たちと一緒に勉強することになるのだ。ニューヨークを離れた時、夢は、明確な目標へと変わっていた。だから、まずケンブリッジ女学院へ通うことになったのである。これが、ハーバードへ入学し、幼い日の誓いを実現するための最短コースだった。

ケンブリッジ女学院では、サリバン先生も一緒に授業を受けた。授業の内容を指文字で私に伝えるためだ。

ここはふつうの学校だから、教師たちは、障害者を教えた経験はない。だから教師と会話するには、私は、読唇術に頼らなければならなかった。一年目に勉強したのは、英国史と英文学、それにドイツ語、ラテン語、数学、ラテン語作文で、時々英語で作文を書かされた。この時まで、大学進学のための授業は受けたことがなかった。しかし、英語はサリバン先生に徹底して鍛えられていたから、まもなく、教師陣はこう判断を下した。「英語に関しては、問題無し。あとは、大学側が指示する本を、批評的に読む訓練をするだけでいい」フランス語はすでに基礎を終え、ラテン語は六ヶ月間、個人授業を受けてきた。そしてドイツ語は、一番得意な教科だった。

こうした強みはあったものの、まだ勉強を妨げる重大な障害が立ちはだかっていた——まずサリバン先生は、教科書の要求する内容をすべて指文字で伝えることができなかった。また、ロンドンとフィラデルフィアの友人が、急いでくれたものの、教科書を浮き出し文字にする作業が、授業開始までに間に合わなかった。だから、しばらくの間、ラテン語は自分で点字に直し、授業中にみんなと暗誦できるようにした。やがて、教師たちも、私のたどたどしい話し方に慣れ、私の質問にすぐ答え、間違いも直してくれるようになった。私は、授業中にノートを取ることも、練習問題を書くこともできなかったが、作文と翻訳は、家に帰ってから、すべて自分でタイプライターで打った。

毎日、サリバン先生も一緒に教室にはいり、教師の話をすべて、ただ黙々と私の手に綴《つづ》ってくれた。予習、復習の時には、サリバン先生が新出単語を辞書で調べ、浮き出し文字になっていないノートと本は、繰り返し繰り返し読んでくれた。この作業の単調さ、退屈さは想像もつかないかもしれない。学校で、私のために指文字を覚えてくれたのは、ドイツ語のグレーテ先生とギルマン校長だけだった。グレーテ先生自身、綴り方が下手で時間がかかることは承知していたようだ。それでも、彼女が、誠意を込め、週二回の特別授業で、ゆっくりと根気よく「指話」してくれたおかげで、サリバン先生はほんの少しだが休憩を取ることができたのだ。あらゆる人が、親切で、いろいろと手伝ってくれた。しかし、この単調な作業を喜んで続けてくれたのは、ただひとつ、サリバン先生の手だけだった……。

その年は、数学を終わらせ、ラテン文法の復習をし、シーザーの『ガリア戦記』を三章読んだ。ドイツ語は、サリバン先生の助けも借りながら、自分の指で以下の本を読んだ――シラーの『鐘の歌』と『潜水夫』、ハイネの『ハルツ紀行』、フライタークの『フリードリッヒ大王の国から』、リールの『美の呪《のろ》い』、レッシングの『ミンナ・フォン・バルンヘルム』、そしてゲーテの『わが生涯より』。ドイツ語の本を読むのは、何よりの楽しみだった。中でもシラーの見事な抒情詩《じょじょうし》、フリードリッヒ大王の輝かしい業績、ゲーテの一生を読むのは格別だった。また、ハイネがハルツ地方への旅の印象を綴った、『ハルツ紀行』は、読み終えるのが惜しいほどだった。ウイットにあふれた小品。ブドウの木に覆《おお》われた丘、日差しを浴びてさざめく小川、遠い昔の魔女伝説が残る山深い土地が、見事に描かれている。大自然の中に、感情、愛、欲求を読みとれる詩人だけが書ける美しい作品だ。

ギルマン校長は、この年、英文学を教えてくれた。一緒に読んだのは、シェークスピアの『お気に召すまま』、エドマンド・バークの『アメリカとの和解演説』、そしてマコーレーの『サミュエル・ジョンソン伝』だった。歴史と文学に幅広い見識をもつギルマン校長は、巧みに説明してくれたから、勉強がはかどり楽しむことができた。大人数の教室でおざなりの解説を受け、本の注釈を機械的に読むだけでは、こうはいかなかっただろう。

英国議会で行なわれたバークの演説は、それまでに読んだどんな政治の本よりもためになった。アメリカ独立戦争という騒乱の時代とともに、私の心も興奮し揺れ動いた。戦争中の米英両国の命運を握る人物が、目の前で動いているようだった。しかし勇壮、雄弁なバークの名演説を読みながら、ひとつの疑問が湧《わ》いてきた——なぜ、英国王ジョージ三世と大臣たちは、「このままではアメリカが勝利し、イギリスが敗北する」というバークの警告に耳を貸さなかったのだろうか？　その後私は、バークが自らの政党や議員たちとどのような関係にあったのか、気がめいるような事実を知った。真理と見識に満ちた、これほど貴重な「種」が播《ま》かれたのに、無知と腐敗の毒麦の中に落ち、芽が出なかったことを思うと不思議でならない。

歴史家マコーレーの『サミュエル・ジョンソン伝』は、これとは違った面白さだった。貧乏文士が集まる、ロンドンのグラッブ街で「苦難のパン」を食べた孤独な男に、私は心から共感した。ジョンソンは、身を削って働き、肉体的にも、精神的にもひどく苦しんだが、その中にあって、貧しく、軽蔑《けいべつ》されている人たちへやさしい言葉を忘れず、救いの手を差し伸べたのだ。私は、ジョンソンの成功にはいつも大喜びし、失敗には目をつぶることにした。ジョンソンに人間的な弱さがあっても不思議ではないが、それにつぶされずに、自らの魂を輝かせたことに感心するのだ。それにしても作者のマコーレーは、才能豊かで、平凡なことを生き生きと描写するのがうまい。しかし、彼の独断調にはうんざりさせられることもある。また、真実よりも効果を優先させることが多いのも頂けない。だから、英国第一の雄弁家、バークの演説に払った敬意を、マコーレーにも払うわけにはいかなかった。

ケンブリッジ女学院では、生まれてはじめて、同じ年頃の、目が見え耳が聞こえる女子生徒たちとの交友を楽しんだ。私は、校舎に隣接した快適な家で何人かの同級生たちと暮らしたが、そこは、以前、作家のハウエルズ氏が住んでいた家だった。私たちは、まるで自宅にいるような生活を楽しんだのだ。友人たちの遊びに、私もよく入れてもらった。「目隠し鬼」や雪遊びをし、一緒に、遠くまで散歩もした。勉強のことを話し合い、面白そうな一節はみんなで朗読する。私と話すときに、サリバン先生がいちいち通訳しなくてもすむよう、指文字を覚えてくれた友人もいた。

クリスマスには、母と妹がやって来て、休暇を一緒に過ごした。妹のミルドレッドもこの学校で勉強してもいい、とギルマン校長が言ってくれたので、こちらで妹と暮らすことになった。幸せな半年だった。その間、私は妹とほとんど離れずに過ごすことができたのである。お互いに勉強を助け合い、一緒に遊んだ日々を思い起こすと、私の心は幸福につつまれる。

ラドクリフ・カレッジ入学のための予備試験は、十七歳の年、一八九七年の六月二十九日から七月三日まで行われた。私が選んだ科目は、ドイツ語、フランス語、ラテン語、英語、ギリシア・ローマ史の五教科で、語学には、それぞれ初級と上級の試験があった。合計で九時間。私は全教科に合格し、ドイツ語と英語では「優等賞」をもらった。

ここで、試験がどのように行なわれたのかを説明した方がいいだろう。試験時間は、全部で十六時間以内。初級が十二時間で、上級が四時間だ。少なくとも五時間は試験を受けなければ失格となる。試験問題は、午前九時にハーバードで配布され、特別な使者がラドクリフまで運んでくる。受験者は氏名ではなく、受験番号で手続きされる。私は233番だった。といってもタイプライターを使わなければならないのは私だけだったから、すぐに誰だかわかってしまったはずだ。

私の場合、別室でひとりで試験を受けたほうがいいと判断された。タイプライターの音が他の受験生の邪魔になるからだ。ギルマン校長は、試験用紙に書いてあることすべてを、指文字で私に伝えた。試験中に邪魔が入らないよう、ドアのところには見張りの男が立っていた。

一日目はドイツ語だった。ギルマン校長が、私の横に座り、試験問題を最初から最後まで通して読み、それから、一文ずつ読んでいく。もちろん指文字でだ。その間、私は、ギルマン校長のことばをきちんと理解しているかどうか確かめるために、声に出して繰り返した。問題は難しく、タイプライターで答えを打っているあいだ、どうしようもなく不安だった。ギルマン校長は、私が書いたことを指文字で伝えてくれる。それをもとに必要なところを書き換えると、訂正部分を解答用紙に追加してもらうことができた。しかし、ここで断っておきたいのだが、これ以後は、試験でこのような便宜を図ってもらったことはない。ラドクリフに入学してからは、私が答えを書いたあと、誰もそれを読んでくれない。そして試験時間以内に書き終えた場合を除き、解答のミスを直すことはできない。早く書けた時だけ、残り数分の間に思い出しながら、間違いを直すことができる。その場合、解答用紙の終わりに、訂正のメモを書いておくのだ。最終試験よりも、この予備試験の方が成績がよかったとしたら、その理由は二つあると思う。最終試験では、書いたものを読み直してくれる人が誰もいなかったこと。そして予備試験では、女学院へ入学する以前から親しんでいた教科を、試験科目の中に入れることができたことである。私は、すでにその年のはじめに、英語、歴史、フランス語、ドイツ語の四教科に関しては、ギルマン校長にハーバード大学の過去の問題から出題してもらい、合格点を取っていたのだ。

それから、私の解答は、ギルマン校長の手で試験官のもとに送られた。私、すなわち受験番号２３３の生徒が書いたという証明をつけて。

予備試験では、これ以外の科目も、同じ形式で行なわれた。けれども、どれも一日目ほど難しくはなかった。ラテン語の試験の時に、シリング教授が入って来て「ドイツ語は申し分のない成績で通ったよ」と伝えてくれた日のことを覚えている。私は、この知らせに大いに勇気づけられ、心は軽く、しかし気持ちは引き締めて、試験すべてを飛ぶように終わらせたのだった。

第十九章

ケンブリッジ女学院の二年目が始まった時、私は希望にあふれ、大学入学への決意は固かった。ところが最初の数週間で、予期せぬ壁が私の前に立ちはだかった。ギルマン校長は、二年目は、数学を中心に勉強させるべきだと考えていた。だからこの年は、数学は代数と幾何の二教科、それに物理学、天文学、ギリシア語、ラテン語の授業を受けることになった。しかも運悪く、必要な教科書の多くは、授業開始までに浮き出し文字にするのが間に合わない。教科によっては、勉強に必要な道具がないという事態になった。私が出席した授業は、大人数のクラスで、教師が私だけに特別授業をするのは不可能だった。だから、サリバン先生は、すべての教科書を私に指文字で読み上げ、授業中は、教師の話も通訳しなければならない。その結果、この十一年間ではじめて、先生のいとしい手が、もはやこの労働に耐えられないように感じられたのである。

代数と幾何は授業中にノートをとらねばならず、物理も授業中に問題を解かなければならなかった。しかし「点字ライター」を購入するまでは、この作業ができなかった。この機械を使ってようやく授業中に、解答のプロセスを書き留められるようになったのである。幾何の授業では、黒板に書かれた図形を直接見ることができない。そこで、図形をきちんと理解するために、クッションの上に、先が曲がったり尖《とが》ったりしている針金を置いた。それで直線や曲線の図形をつくり、手で触れて確かめるのだ。キース氏が報告書に書いているように、私の場合は、図形に添えられる数字や記号、仮定と結論、作図、そして証明の過程などを頭の中に入れておかなければならなかった。つまり、いつもハンディを背負って、勉強しなければならなかったのである。時には、思い出すのも恥ずかしいほど、やる気を失《な》くし、感情を露《あら》わにしてしまうこともあった。とりわけ、数学が不得手だったことが、あとでサリバン先生のせいにされた時はやりきれなかった。彼女こそ、数ある親切な友人の中でただ一人、いつも私の側にいて、あらゆる労をいとわずに尽くしてくれた恩人なのだ。

しかし少しずつ、障害は消え始めた。浮き出し文字の本や点字ライターなどが届き、新たな自信をもって勉強に取り組めるようになったからだ。しかし代数と幾何だけは、私の理解しようとする努力をあざ笑い続けた。前にも言ったように、私は数学向きではなかったのだ。説明不十分で、さまざまな点に納得がいかなかった。図形には特に苦しめられた。クッションの上に針金を置いても、図形の各部分の関係がわからない。キース氏に教えてもらってはじめて、数学が理解できるようになったのだった。こうして困難を少しずつ乗り越えようとしていた時に、事態を一変させるような、重大事件が起きた。

教科書が届く直前のことだ。ギルマン校長がサリバン先生に、「ヘレンに勉強をさせすぎだ」と忠告したのである。そんなことはないと私も懸命に抗議したが、授業時間を減らされてしまった。はじめは、「必要なら大学入学の準備に五年間かけてもいい」ということで同意していたはずだった。ところが、一年目の終わりの試験成績が良かったので、サリバン先生、ハーボー教頭、それにもう一人の教師が、「あと二年あれば、ヘレンは楽に大学へ進学できるだろう」と判断した。ギルマン校長も、当初はこの意見に賛成した。だが、勉強に少し苦労している私を見て、「無理をしている。あと三年間、この学校で勉強した方がいい」と意見を翻《ひるがえ》したのだ。この提案を、私は気に入らない。何といっても、いまのクラスメートと一緒に大学へ進学したかったからだ。

十一月十七日は、体調が悪くて学校を休んだ。サリバン先生は、私の体調不良が深刻なものではないことを知っていたが、ギルマン校長はこれを聞いて、「ヘレンは、からだを壊している」と断定し、私の授業計画を変更して、クラスメートと最終試験を受けられないようにしてしまったのである。結局、校長とサリバン先生の意見は平行線をたどった。そして、母の決断で、妹と私の退学という結末を迎えたのだった。

しかし退学はしたものの、まもなく、ボストン近郊に住むマートン・S・キース氏の個人指導を受け、勉強は続けられることになった。それから、サリバン先生と私は、ボストンから四十キロ余り離れたレンサムに行き、親しくしていた、チェンバレン家の人たちと冬を過ごした。

一八九八年の二月から七月までは、キース氏にレンサムまで週二回来てもらい、代数、幾何、ギリシア語、ラテン語を教えてもらった。授業の通訳はサリバン先生である。

同じ年の十月に、私たちはボストンへ戻った。それから八ヶ月間は、キース氏から週五回授業を受けた。一回の授業は約一時間。キース氏は、毎回、前の授業でわからなかったところを説明し、新しい課題を出す。私がタイプライターで打っておいた、宿題のギリシア語の練習問題は、自宅に持ち帰って丁寧に添削し、返却してくれた。

このようにして、大学入学のための勉強は、中断することなく続いた。教室よりも、個人指導の方が、はるかに勉強もはかどり楽しい。急ぐことも、混乱することもない。キース氏には、私がわからないところを説明する時間が十分にあった。だから、学校よりも進度が速く、中身も濃い勉強ができたのである。それでも、数学が一番苦手だったのは変わらない。代数と幾何が、語学や文学の勉強の半分ぐらいでもやさしかったらどんなにいいだろう、と思うことがある。しかしその数学ですら、キース氏の手にかかると、興味深い教科に変わる。問題を分かりやすくかみ砕き、私の頭でも理解できるように説明してくれるのだ。おかげで、頭が冴《さ》えて、やる気が出てきた。私が論理的に考え、落ち着いて結論を出せるよう訓練してくれたのである。それまでは、あわてて結論に飛びつき、何も答えを出せなかった私が変わった。どんなに私の頭が鈍くても、キース氏は、いつも穏やかに、忍耐強く教えてくれた。私の頭の悪さときたら、聖書中、「忍耐」で有名な、ヨブでも耐えられないほどひどいことが多かったのに……。

　こうして十九歳になったばかりの一八九九年六月二十九日と三十日に、ラドクリフ・カレッジ進学のための最終試験を受けた。一日目は、ギリシア語初級とラテン語上級、二日目は幾何、代数とギリシア語上級だった。

　大学側は、サリバン先生が試験問題を読んで私に伝えることは許可しなかった。そこでパーキンス盲学校の教師、ユージン・C・バイニング氏が雇われ、彼の手で試験問題はすべて、米国式点字に直された。私は、バイニング氏とは面識が無く、点字を使わなければコミュニケーションを取ることはできない。試験官も知らない人で、私とは全く意思を通じようとしなかった。

点字の試験は、語学ではうまく行った。ところが、幾何と代数ではかえって苦労が増した。ひどく混乱しただけでない。貴重な時間を無駄遣いするはめになり、やる気まで失くしてしまった。特に代数の試験はひどかった。たしかに私は、アメリカで一般的に使われるすべての点字――英国式、米国式、ニューヨーク・ポイント――の通常表記は知っていた。しかし、この三つの方式では、幾何と代数のさまざまな記号が全く違う。しかも代数では、私は、英国式でしか勉強したことがなかったのである。

試験の二日前。バイニング氏から、過去に出題されたハーバード大学の代数の問題を、点字に直したものが、送られてきた。それは米国式点字だった。あわてた私は、すぐに机に向かい、「米国式の記号を説明して欲しい」と手紙を書いた。すると別の問題と記号表が送られてきた。それから米国式の記号を必死になって覚えた。ところが、代数の試験前夜、ひじょうに複雑な例題に苦しんでいる時に、角型かっこ［ ］

と中かっこ｛｝、平方根√の記号の区別がつかなくなった。これにはキース氏も私も不安になり、不吉な予感でいっぱいになった。それでも、翌朝、私たちは、試験開始時間よりも少し早く大学へ行き、バイニング氏に、米国式点字について、さらに詳しく説明してもらったのである。

幾何で一番困ったのは、ふだん私が、問題を浮き出し印刷で読むか、手に綴《つづ》ってもらうことに慣れすぎていたことだ。だから、点字で打たれた問題が目の前に置かれた時、混乱して何を読んでいるのかよくわからなかった。しかし代数の試験では、状況はさらに悪化した。たったいま教えてもらい、もう大丈夫だと思っていた記号がよくわからない。その上、今回は、自分がタイプライターで打った答えを見ることもできない。それまで解答は、点字を使うか頭の中で解いてきたが、それが災いした。キース氏は、私の暗算の能力に頼りすぎて、試験答案を書く訓練をしてこなかったのだ。そのため、悲惨なほど解答に時間がかかった。問題を何度も何度も読んで、やっと何が要求されているのかがわかる、というありさま。いま思い出しても、すべての記号を正しく読めた自信はない。冷静に考えることができなかったからだ。

それでも、誰かを責めるつもりはない。大学当局は、試験を邪魔する意図はなく、そもそも私がこんな障害にぶつかると予想もしなかったのだ。そして、大学側が何も知らずに置いた障害すべてを、私はとにかく乗り切った。そう思うと、心は落ち着き、慰められるのである。

第二十章

最終試験に合格し、大学入学への苦しい道のりは終わった。これで、いつでも好きな時にラドクリフへ入学できる。だが大学入学前に、キース氏についてもう一年勉強したほうがよい、ということになった。そこで合格から一年遅れ、一九〇〇年の秋にようやく、大学進学の夢が実現する。

ラドクリフの入学初日のことを覚えている。興味深いことばかりの一日だった。この日を何年も待ち焦《こ》がれたのだ。私の中には抑えがたい「力」がある。友人たちの説得にも負けず、私の心の願いすら聞こうとしない。その「力」が、目が見え耳が聞こえる健常者と競って、力を試そうと私を駆り立てたのだ。行く先々でさまざまな障害があることはわかっていた。それでもその障害に打ち勝ちたかった。私は、あの古代ローマの賢人の言葉を胸に刻んでいた――「ローマの都から追放されても、ただ都の外で暮らすだけのことではないか」知識の大道から締め出された私は、さびしい道を歩き、旅を続けなければならなかった。だが、それだけのこと。大学へ行けば、無数の脇道《わきみち》をたどってきた、私と同じように考え、愛し、苦しんできた少女たちと手を触れあえるはず、と思っていた。

私は、やる気に燃えて勉強を開始する。私の前には、美と光に包まれた新世界が広がっていた。すべての知識を手にできる力が自分の中にはある、と思った。この素晴らしい知の世界では、私も自由になれる。そして大学の学者たち、そこに繰り広げられる風景、習慣、喜び、悲しみは、現実世界をいきいきと解釈してくれるはずだ。講義室には偉人、賢人の気が充満し、教授たちは知識のかたまりのように思えた。たとえ、そうではないとわかっても、誰にも言わないでおくことにしよう、と。

しかしすぐに、大学は、想像していたようなロマンチックな「知の園」ではないことがわかった。まだ幼く、物知らずの私が期待していた夢の多くは、かすみ、毎日の大学生活にまぎれ消えていった。そして、大学へ行くのは良いことばかりではないということがしだいにわかりはじめたのである。

その時も、いまも感じている問題は、大学へ行くと自分の時間がなくなることだ。以前は、私も、自分の心も、思索し内省する時間があった。夕方になると、私と心は、共に座り、魂の奥深くから聞こえてくるメロディに耳を傾けたものだ。このメロディが聞けるのは、くつろいでいる時だけ。何もしないでいると、愛する詩人のことばが、魂の奥深くにある甘美な琴線に触れ、沈黙が破られる。ところが大学にいると、自分の心と対話する時間がない。大学へ行くのは、学ぶためだけで、思索をしてはいけないように私には思える。大学という学びの門をくぐる時、人は、最も大切な楽しみ——孤独、読書、想像に遊ぶ時間——を、風に吹かれるマツの木とともに、外へ置いてこなくてはならない。いまは、将来のために、宝を蓄えているのだと考えて、妥協すべきかとも思う。しかし私には先のことなどどうでもいい。将来に備えて富をため込むよりも、いまこの時の喜びを味わいたい。

大学一年目に勉強したのは、フランス語、ドイツ語、歴史、英作文、英文学だ。フランス語の授業では、コルネイユ、モリエール、ラシーヌ、ミュッセ、サント・ブーブの作品を読み、ドイツ語の授業ではゲーテとシラーを読んだ。歴史では、大急ぎで、ローマ帝国の没落から十八世紀までを復習し、英文学の時間は、ミルトンの詩と、言論の自由を説いた『アレオパジティカ』を批評的に読んだ。

「大学で勉強するという困難を、どうやって克服したのか」とよく訊《き》かれることがある。もちろん、教室ではひとりぼっちでいるのと変わらない。教授は、電話で話しているように、遠くにいるような感じだ。講義は、ものすごいスピードで私の手に綴られていく。講義について行くだけで精一杯で、教授の個性を意識している暇もない。ことばが手の中をものすごい勢いでかけ抜けてゆく。まるで、野ウサギを追いかけながら、見失ってしまう猟犬のような勢いだ。といってもこの状況は、ノートを取っている他の女子学生たちもほぼ同じだろうと思う。講義を聞き、ひたすらノートを取るという機械的な作業に没頭していると、何を論じているのかとかその論じ方にまで注意がまわらなくなるのではないだろうか。講義の最中に私はノートを取ることはできない。なぜなら、手で一生懸命に「聞いている」からだ。家に帰ってから、思い出せるものは書き留めることにしている。練習問題、毎日の作文、批評を書く時、そして小テスト、中間試験、学期末試験の時はタイプライターを使う。だから教授たちには、私がいかに無知であるかがすぐにばれてしまう。ラテン詩の韻律法を習いはじめた時、さまざまな韻律と音節の長短を表す独自の記号を考案し、堂々と教授に説明したことまである。それほど私は無知なのだ。

私は「ハモンド・タイプライター」を愛用している。いろいろ試してみたが、私の場合にはハモンドが最適だということがわかった。この製品は、数種類のタイプ・シャトルの中から好きなものを選び、活字を交換できる。つまり打ちたい文字を、ギリシア語、フランス語、数学の記号などに、自由に変えられるのだ。これが無かったら、私は大学へ行けなかったかもしれない。

授業で指定される本で、視覚障害者用に印刷されたものはまずない。だから、本の内容は、指文字で手に綴ってもらわなくてはならない。したがって、私の場合、他の女子学生よりも授業の準備に余計時間がかかる。手に綴ってもらうのに時間がかかるのはもちろんだが、私には他の人にはないさまざまな困難がある。細かいことにも注意を集中しなければならないから、神経がいら立つ。そして私が数章を読むのに何時間もかけている間に、外では女子学生たちが笑い、歌い、踊っていると思うとうらめしくなる——。そんな日もずいぶんあった。しかし、すぐに元気を取り戻し、笑って不満を心から追い払った。というのも、結局、真の知識を手に入れたい人は誰でも、険しい山をひとりで登らなければならないからだ。頂上へは楽な道などない。それなら私は自分なりにジグザグに登ればいい。何度も足を滑らせては後退し、ころび、立ち止まる。隠れていた障害物にぶつかって、怒りに我を忘れることもある。それでも気を取り直し、意気高らかに進むのだ。足取りが重くなっても、少しずつ前へ進めば、元気がわいてくる。そしてさらにやる気が出て、ずんずん上まで登っていける。ついに広がる地平線が見えはじめた。苦しんだ一歩一歩が勝利なのだ。もうひと踏ん張りすれば、輝く雲に、青空の深みに、そして夢見ていた頂上に到達できる……。けれども、私はひとりで山を登ってきたわけではない。ウィリアム・ウェード氏とペンシルベニア盲学校の校長、E・E・アレン氏は、必要な浮き出し文字の本の多くを私のもとに届けてくれた。このふたりの心遣いは、彼らが思っている以上に、私の助けとなり励みとなったのだ。

去年、つまり大学の二年目に取った授業は、作文、英文学としての聖書、アメリカとヨーロッパの政治、ローマの抒情詩人《じよじよう》ホラティウスの『歌章』、それにラテン語の喜劇だった。中でも、作文の授業が一番楽しかった。活気のある講義で、いつも興味深く、生き生きとして、ウイットに富んでいた。講師の、チャールズ・タウンゼント・コープランド氏が素晴らしい。今までのどの教師よりも、文学のオリジナルな新鮮さと力強さを、目の前に再生できる力を持っている。わずか一時間のあいだに、余計な解釈や説明はなしで、昔の巨匠たちの「永遠の美」を味わうことができる。巨匠たちの見事な思想を堪能《たんのう》し、ヤーウェやエロヒムなどという神の存在も忘れ、旧約聖書の深い感銘を心の底から楽しめる。「精神と形式が完全に調和し、真理と美が古き時代のうえに花を咲かせる。まさに完璧《かんぺき》な美を目にした」という思いを抱いて、家路につくことができるのだ。

今年は、最高に幸せな年だ。本当に興味がある科目ばかりを履修できたからだ——

経済学、エリザベス朝の文学、ジョージ・L・キットリッジ教授のシェークスピア、ジョサイア・ロイス教授担当の哲学史である。以前は、なじみがなく意味不明だった、遠い昔の伝統や異質な思想も、哲学を通せば、理解と共感をもって接することができるのだ。

けれども大学は、私が思い描いていた、古代ギリシアのアテネのような学問の場ではない。大学では、アテネのように偉人や賢人と直接会うことはない。生きているしるしを感じることもない。偉人、賢人がいることは事実だ。しかし彼らは、ミイラのようにひからびてしまっている。ひび割れた学問の壁から、引き出し、切り裂き、分析してはじめて、これは詩人ミルトンだ、預言者イザヤだ、巧妙なにせものでないと判断できるありさまだ。学者の多くが忘れているように思えることがある。偉大な文学を鑑賞するには、理解よりも深い共感が必要だということだ。残念ながら、学者が苦労して考え出した説明は、ほとんど記憶に残らない。熟しすぎた果実が、枝から落ちてしまうように、過剰な説明も頭から抜け落ちてしまうのだ。花も根も茎も、生長の過程もすべて知っているのに、天国の露にぬれた、みずみずしい花の美しさがわからない——。こんなことが起こりうるのだ。私は、何度も何度も、いらいらしながら自分に問いかける。「いったい、こんな説明と仮定が何の役に立つのだろう?」目の見えない鳥が、むなしく羽ばたくように、学者の説明も私の頭の中をいたずらに飛びまわるだけで、何の役にも立たないのだ。なにも、偉大な文学作品を隅々まで知ることに反対しているわけではない。果てしのない解説と難解な批評ばかりの現状を残念に思っているだけだ。こうした批評に耳を貸しても、結局「人間の数と同じだけ意見がある」ということを確認するだけなのだ。しかし、キットリッジ教授のような一流の学者となるとまるで違う。教授は文学作品を鮮やかに解釈する。まるで目の見えない人の目を開かせるよう。教授の話を聞くと、詩人シェークスピアがよみがえってくるのだ。

そうはいっても、勉強しなくてはならないことの半分を捨ててしまいたいと思うこともある。頭脳を酷使すると、せっかく苦労して集めた宝を楽しむことができないからだ。わずか一日で、異なった言語で書かれ、テーマも全く違う本を四、五冊読めという。それで読書の目的を見失わないようにするなんて不可能だ。試験のために、いらいらして本を読み飛ばすと、頭は、上質だが役に立たない骨董品《こっとうひん》でいっぱいになる。いまも、私の頭は雑多な知識ではちきれそうになっていて、きちんと整理なんてできそうもない。自分の頭の中で、かつては知性の中心だったはずの場所をのぞいて見る。すると、あの「瀬戸物屋で暴れる牛」のように、何もかもぶち壊してしまいたい気分になるのだ。無数の知識のがらくたが、まるで雹《ひょう》が降ってくるように、私の頭に襲いかかる。逃げようとすると、「小論文の小鬼」だの「大学の妖精《ようせい》」だのがぞろぞろ追いかけてくるのだ。私は、思わず心の中で叫んでしまう――いままで崇《あが》めていたのが間違っていました。どうか、知識の偶像を叩《たた》き壊させてください、と。ああ、こんな邪悪な願いをする私をお許しあれ！

　ともあれ定期試験が、大学生活の最大の「怪物」である。もちろん、何度も対決し、投げ飛ばしてやっつけてやった。だが、また立ち上がり、青白い顔で私を脅迫するのだ。しまいには、シェリダンの劇の、臆病《おくびょう》なボブ・エーカーズのように、立ち向かう勇気も消えてしまいそうになる。試験という試練がはじまる前の数日間は、神秘的な数学の公式や消化不能な年号を頭に詰め込まなければならない。まるでまずい食事を無理やり口に入れるようなものだ。ついには、本も学問も自分も深海に沈んで消えてしまえばいい、と願っている自分に気づく。

　いよいよ恐怖の試験本番だ。もしも準備万端、記憶したことを、いつでも自由に思い出せるというのなら、あなたはよほど運がいい人だ。進撃ラッパを鳴らし、突撃という時になって、思い通りにならないのが試験というものだ。記憶も判断力も、まさに必要な時に、羽が生えてどこかへ飛んでいってしまう。実に腹立たしい。あれほど苦労して暗記したことが、いざという時に、いつも出てこないのである。

「フスとその業績について、簡潔に説明せよ」フスだって？ いったいどんな人で、何をしたのだっけ？ この名前には聞き覚えがあるけど……。急いで、頭の中の、歴史事実が詰まった袋をかき回す。しかし、簡単にはいかない。ぼろが詰まった袋の中から、一切れの絹を探すようなものだから。たしか、頭のてっぺんのあたりにあったはず。そう、このあいだ「宗教改革」のはじまりを調べていた時に、見たんだっけ。でもいまはどこに？ 革命、教会の分裂、虐殺《ぎゃくさつ》、政治制度……。あらゆる知識のがらくたを取り出してみる。でもフスは？ 一体どこ？ この時、試験に出題されていないことなら何でも知っている自分に驚く。そしてやけになって袋をつかみ、中身をすべて放り出す。すると、隅にいるではないか。探していた男が。静かに物思いに耽《ふけ》り、自分のせいで大騒ぎになっていることなど気づいていない様子だ。

ちょうどその時、「それまで！」という試験官の声が響く。胸がむかむかして、ひと山のがらくたを頭の隅に蹴《け》飛《と》ばし、家路に着く。そして、「そもそも教授が、学生に断りもせずに問題を出すのがいけないんだ。あの神聖な権利を、なんとか廃止できないだろうか」と、革命的な考えを思いめぐらせるのだ。

どうも、先ほどは、あとで笑い種《ぐさ》にされそうなたとえを使ってしまったようだ。

「瀬戸物屋で暴れる牛」だの「雹に襲われた」だの「青白い顔をした怪物」だの、混乱した比喩《ひゆ》を使いすぎたかもしれない。しかし笑いたければ、笑わせておこう。このたとえは、知識を詰め込みすぎて混乱している、現在の私の頭の中を的確に表現しているからだ。だから今回だけは、何をいわれても目をつぶり、「大学に対する私の考えは変わったのだ」と伝えることにしよう。

大学生活に憧《あこが》れていた時、それはロマンチックで美化されたものだった。だが、いまは現実があるのみだ。しかし、このロマンチックな幻想が、現実に変わる時に、実際に経験しなければわからない、数多くのことを学んだ。たとえば「忍耐」という貴重な経験からはこういうことを学んだ――教育とは、田園を散歩するように、ゆったりと学び、あらゆる印象に心を開きじっくり味わうべきものである。そのようなやり方で知識を得れば、目に見えない魂の中に、深まる思考が、静かな津波のように押し寄せてくるはずだ。「知識は力なり」という。しかし私は、知識とは幸福だと思う。深く、広い知識を手に入れれば、正しい目的と誤った目的を区別でき、崇高なことと低俗なことを識別できるからだ。人類を進歩させた思想や行いを知ることは、何世紀にもわたる人類の偉大な「心臓の鼓動」を感じることでもある。そしてこの「鼓動」の中には、天へと向かう人類の苦闘が感じられるはずだ。もしも何も感じないというのなら、その人はきっと、人生が奏《かな》でるハーモニーに耳を貸そうとしない人なのだろう。

第二十一章

これまで、私の半生の出来事を大雑把に記してきた。けれども、本が私にとってどれだけ大切な存在であるかは語らなかった。娯楽のためだけではない。本を読んだおかげで賢明になり、通常の人が、目と耳を通して得られる知識までも手に入れることができたのだ。私の場合、教育における本の役割は、ふつうの人よりもはるかに大きい。だから、私が本を読みはじめた頃に話を戻したいと思う。

はじめて筋のある物語を読んだのは、一八八七年五月のこと。七歳の時だった。その日から今日まで、印刷されたものが私の飢えた指先の届く範囲にきたら、とにかくむさぼるように読んできた。前にも書いたように、教育を受けはじめた頃は、時間を決めて勉強していたわけではない。したがって、読書にも何らかの方針があったわけではない。

はじめは、浮き出し文字で印刷された本はほとんどなかった。初級用のリーダー、子ども向けの短編集、それに『私たちの世界』という地球についての本しかなかったと思う。同じ本を、くり返しくり返し読んだから、しまいには単語が擦り切れ、押しつぶされて、ほとんど読み取れなくなってしまった。時には、サリバン先生が読んでくれることもあった。私に理解できるレベルの、短い物語や詩を手に綴《つづ》ってくれたのだ。だが、人に読んでもらうよりも、自分で読書するほうが好きだった。なんといっても、自分が気に入ったところを何度でも読み返せるからだ。

本格的に読書を始めたのは、はじめてボストンに行った時だった。パーキンス盲学校で、図書室へ毎日入室してもよいという許可が出た。書棚の間をさまよい、手に触れた本は何でも読んでいいというのだ。とにかく無我夢中で読んだ。十語のうち一語、あるいは一ページの中で二語しかわからなくてもかまわない。印刷されたことば自体に魅了されたのだ。しかし、何を読んでいるかは気にも留めなかった。それでも、この頃の私の頭はスポンジのように柔軟だったから、意味もわからないのに、たくさんの単語を吸収し、文もまるごと覚えてしまった。その後、話したり書いたりできるようになってから、その時覚えた単語や文が自然に頭に浮かんできた。友人たちは、私の語彙《ごい》の豊富さに驚いたものだ。当時は、意味を理解せずに、いろいろな本の一部（一冊の本を通読したことはなかったと思う）や大量の詩を読んだはずだ。そしてついに『小公子』に出会う。これが、意味を理解しながら読んだ、最初の重要な本となった。

ある日サリバン先生は、盲学校の図書室の隅で、ホーソンの『緋文字《ひもんじ》』に夢中になっている私を見つけた。その頃、私は八歳くらいだった。「パールという女の子は気に入った?」と私に声をかけ、頭を悩ませていた単語をいくつか説明してくれたのを覚えている。それから先生は、少年が主人公のすばらしい物語があることを教えてくれた。「『緋文字』よりもきっと気に入るわ」その物語が『小公子』だった。先生は、今度の夏に読んでくれることを約束した。しかし、この話を読み始めたのは、やっと八月になってからである。ブルースター海岸で過ごした最初の数週間は、さまざまな発見とワクワクすることばかりで、本の存在すら忘れてしまった。それからサリバン先生は、私を置いて、しばらくボストンの友人のもとへ行ってしまったのだ。

先生が帰ってきて真っ先にやったのは、いっしょに『小公子』を読むことだった。この素敵な児童書のはじめの数章を読んだ、時と場所はいまでもはっきりと覚えている。八月の暖かい午後だった。家から少し離れたところに二本のマツの木が厳かに立っている。その間で揺れるハンモックの上に、サリバン先生と私はいっしょに腰掛けた。昼食後、ふたりで大急ぎで皿洗いを済ませ、できるだけたっぷりと午後の時間を取り、『小公子』を読もうと決めていたのだ。背の高い草の中を、ハンモックに向かって急いでいると、バッタがたくさん寄ってきて、洋服にくっついた。先生は、座る前にバッタを全部とりましょう、と言ったが、私には時間がもったいないように思えた。ハンモック一面に、マツ葉が落ちていた。先生がボストンへ行っている間、使わなかったからだ。暖かい日差しがマツの木を照らし、清々《すがすが》しい香りが立ちのぼる。穏やかな日和で、海の潮の香りが漂っていた。読み始める前に、サリバン先生は、あらかじめ私にはわからないと思えることを説明した。それから本を読み進めながら、知らない単語を説明してくれる。はじめは、見たこともない単語ばかりだったから、読書は中断してばかりいた。だが、いったんストーリーがわかると、物語に夢中になってしまい、単語のことなど気に留めなくなった。きっと、サリバン先生が大切な説明をしても、いらいらして聞いていたのだと思う。やがて先生の指が疲れて文字を綴れなくなると、生まれてはじめて、自分の目と耳の不自由さを呪《のろ》った。両手で本をつかみ、書いてある文字に指で触れ、いとおしい気持ちで確かめようとした。この気持ちはいまでも忘れることはできない。

このあと盲学校のアナグノス校長にせがんで、『小公子』を浮き出し文字にしてもらい、何度も何度も読んだ。話をすべて暗誦《あんしょう》できるほどくり返した。こうして、少女時代を通して、『小公子』はやさしく物静かな友人となった。退屈な話になるかもしれないと思いながら、ここまで詳しく『小公子』の思い出を記したのには訳がある。これは、それ以前の、おぼろげで変わりやすく、混乱した読書の記憶とは違う、鮮明な思い出だからだ。

こうして、『小公子』から私の本当の読書歴がはじまった。その後の二年間は、自宅でもボストン滞在中も、たくさんの本を読んだ。読んだ本すべてを覚えているわけではないし、どんな順番で読んだか、思い出すこともできない。しかし、以下の本を読んだことは確かだ――『ギリシアの英雄たち』、ラ・フォンテーヌの『寓話集《ぐうわ》』、ホーソンの『ワンダー・ブック』と『聖書物語』、チャールズ・ラムの『シェークスピア物語』、ディケンズの『子どものための英国史』。それから『アラビアン・ナイト』、『スイスのロビンソン』、『天路歴程』、『ロビンソン・クルーソー』、『若草物語』、『ハイジ』だ。『ハイジ』は美しい小品で、あとでドイツ語でも読んだ。これらの本を、勉強と遊びの合間に、胸を躍らせて読んだものだ。私は、物語の研究も分析もしなかったし、名作であるかどうかもわからなかった。文体や作者のことなど考えたこともない。日の光や友情を受け入れるように、ただ足元に置かれた宝物を自然に受け入れただけなのだ。『若草物語』は大好きだった。目が見え、耳が聞こえる子どもたちが、自分の家族になったような気がしたからだ。私の住む世界は四方を壁に囲まれていたが、それでも本をめくりさえすれば、外側の世界を知ることができたのだ。

しかし『天路歴程』は気に入らなかった。最後まで読まなかったと思う。『寓話集』も好きではなかった。ラ・フォンテーヌの『寓話集』は、はじめ英語の翻訳で読んだが、あまり熱中できなかった。その後、フランス語の原作を読んだ。いきいきとした生彩のある文章で、ことば遣いは見事だったが、やはり好きになれなかった。なぜだかはわからない。動物が人間のように話し行動するという物語自体に、私は共感できない。動物の滑稽《こっけい》な風刺ばかりが目につき、物語の教訓が伝わってこないからだろう。いやむしろ、ラ・フォンテーヌという作家が、私たちの高い道徳心に訴えることがめったにないからかもしれない。なにしろ彼の最も高い道徳基準は「理性」と「自己愛」なのだ。『寓話集』を貫いている思想はこうだ――人間の道徳心も、もとをたどれば「自己愛」にもとづいている。だから「自己愛」を「理性」によって導き抑制すれば、幸福になれる、という。ところが、私が知る限りでは、「自己愛」こそが諸悪の根源だと思う。もちろん私の方が間違っているのかもしれない。ラ・フォンテーヌの方が、私よりも、人間を観察する機会が多かったはずだから。それにしても、皮肉で、風刺的な寓話はまだいいが、寓話の中でサルやキツネが重大な真理を語るのには私はなじめない。

『ジャングル・ブック』とシートンの『動物記』は私のお気に入りだった。私は、動物そのものに純粋な関心がある。本物の動物で、人間を風刺したものではないからだ。人は、動物の愛情と憎しみに共感し、その喜劇を笑い、悲劇に涙を流す。教訓があるとしても、ほんのわずかで、気づかない程度のものだ。

「古代」に対しては自然に心が魅《ひ》かれ、喜びを感じる。中でも、神話の時代のギリシアには不思議なほど魅かれるのだ。私の想像の世界では、異教の神々や女神がまだ地上を歩き、人間と語りあっていた。心の中ではひそかに、自分の大好きな神々をまつる神殿まで建てていた。ニンフ、英雄、半神半人などはすべて好きだ。いや、全員ではない。魔女メディアと勇士イアソンは、あまりにも残酷で貪欲《どんよく》なので許せない。なぜ神々は、このふたりの悪事を黙認し、それから罰を与えたのだろう。謎《なぞ》はいまでも解けない。いまだになぜだろう、と思うことがある。

なぜ神は、沈黙しているのか
罪が、しめたとばかりに「時の家」に忍び込み、逃げていくのに。

ギリシアを私の天国にしてくれたのは、ホメロスの叙事詩『イリアス』だ。トロイの物語は、ギリシア語で読む以前からよく知っていたから、文法をなんとかマスターしたあとは、難なくギリシア文学を味わうことができた。ギリシア語でも英語でも、偉大な詩を味わうのに通訳は要らない。ただ、感動できる心さえあればいい。詩人の第一級の作品を、分析し、不要な注釈をつけ、長ったらしい解説をして駄目にしてしまう人が多いが、こんな人たちには、この単純な真理に気づいてもらいたい！すぐれた詩を理解し鑑賞するのに、単語の意味をすべて調べ、動詞の活用を確かめ、文法的な説明をする必要はない。もちろん、博学な教授たちの方が、私よりもはるかに『イリアス』のことをよく知っているのはわかっている。それでも私は欲張りではない。他人の方が自分より賢くても、一向に構わない。問題は、あれだけ広く深い知識があっても、教授や私がこの壮麗な叙事詩を楽しみ、味わうのに役に立たないことなのである。『イリアス』の最上の部分を読んでいると、魂が、この狭くて窮屈な世界から浮かび上がるのを感じる。肉体の束縛を忘れ、天上が私の世界となる。どこまでも広がる天国が私のものになるのだ！

ローマの詩人、ウェルギリウスの叙事詩『アエネイス』はあまり高く評価できないが、それでも賞賛する気持ちに変わりはない。この叙事詩は、できるだけ注釈や辞書の助けを借りずに読む。そして気に入ったエピソードを翻訳してみるのが好きだ。ウェルギリウスの、生彩のある描写がすばらしいこともある。しかし彼の描く神々や人間は、情熱、争い、哀れみ、愛情などの場面で、まるでエリザベス朝の仮面劇のようにしとやかに振る舞うのだ。これとは対照的に、『イリアス』の登場人物は生き生きと躍動し、いつまでも歌をやめない。ウェルギリウスは、月光に照らされた大理石のアポロのように、穏やかで愛らしい。一方、ホメロスは、日の光を燦々《さんさん》と浴びながら、風に髪をなびかせる、美しく活発な若者のようだ。

紙のつばさをつけ、本の世界を飛びまわるのは、なんて易《やさ》しいのだろう！ けれども、幼い時に読んだ『ギリシアの英雄たち』から『イリアス』まで、一日で到達したわけではない。辛《つら》いことも多かった。私の歩みは、うんざりするほどのろかった。普通の人なら、その間に、何度も世界一周旅行をしてしまったことだろう。私は足を引きずりながら、文法や辞書の迷路をくぐりぬけ、学校や大学が真の知識を追究する者たちを混乱させようと仕掛けた、あの「試験」という恐ろしい落とし穴にはまりながらも、歩き続けた。まるで『天路歴程』のような、この苦難の旅は、目的があったから続けられたのだと思う。もちろん、道の曲がり角にうれしい驚きが待ち受けていることもあったが、私には果てしなく続く旅のように思われた。

聖書は、その内容も理解できない、小さい時から読みはじめていた。いまから考えると不思議な気もするが、聖書のすばらしい物語にまったく魅力を感じなかった時もあったのだ。ある日曜日の朝のことをよく覚えている。外は雨が降っていた。何もすることがなくて、いとこに聖書の物語をどれか読んで欲しい、とせがんだ。彼女は、私にはとても理解できないと思ったはずだが、それでも、ヨセフとその兄弟たちの物語を手に綴ってくれた。だが、どうにも興味がもてない。聞きなれないことば遣いとくり返しが多いから、はるか遠くのカナンの地で起きた、現実離れした物語のように思われたのだろう。物語のはじめで、兄たちが、ヨセフの着ていたきらびやかな上着を、父ヤコブのテントに届け、「ヨセフは死んだ」と邪悪な嘘《うそ》をつく。しかしもうその頃には、私は眠ってしまい、夢の世界をさまよっていた！ なぜ、ギリシアの物語があれほど魅力的に思え、聖書は退屈に感じたのだろう。ボストンにギリシア系の知人が何人かいる。その人たちが母国の物語を熱く語るのに心を動かされたのが原因かもしれない。一方、聖書に出てくる、ユダヤ人やエジプト人にはひとりも会ったことがなかった。だから、彼らはただの野蛮人だ、したがって彼らについて書かれた聖書も全部でっちあげだ、と思い込んだのかもしれない。不思議なことに、ギリシア系の耳慣れない苗字《みようじ》を、「変わっている」と感じたことは一度もなかった。

その後、聖書の中に発見した、まばゆいばかりの光をどのように説明すればいいだろうか？　何年も聖書を読むうちに、喜びと感銘は深まるばかり。聖書は、私にとって特別な愛読書となっている。それでも聖書の中には、本能的に反発を感じる部分がたくさんある。必要があって、聖書をはじめから終わりまで読まなければならなかった時は、残念に思ったほどだ。私は、聖書の歴史と成り立ちについていろいろ学んだが、それでも、目を向けざるをえない不快な記述に納得することはできない。作家のハウエルズ氏も同じ意見だが、できれば、過去の文学から、醜く野蛮な記述はすべて削除できればと思う。といっても、偉大な作品の魅力が薄められ、内容が誤って伝えられることには断固として反対なのだが……。

旧約聖書のエステル記。この単純で、ひどく率直な記述の中には、感動と畏敬《いけい》の念を起こさせる部分がある。ユダヤ人の娘エステルが王妃となり、邪悪なペルシア王の前に立つシーンほど劇的な場面があるだろうか？　自分の命が王に握られていることは、もとより承知だ。王の怒りから守ってくれる人はだれもいない。それでも女性としての恐怖を乗り越え、ユダヤ民族を守りたい一心で王に近づいて行く。この時、エステルの脳裏にあった思いはただひとつだけだった――「私が死んでも、私ひとりが死ぬだけのこと。しかし、もし私が生き延びれば、わが民族も生き延びることになる」

義母への献身で有名な女性、ルツの物語も感動的である。なんと東洋的な物語だろう！ また、ルツ記に出てくる、素朴な田舎の人々の生活は、ペルシアの都となんと違うことか。ルツはあまりにも献身的でやさしい心をもっているから、波打つ麦畑の中で、刈り入れの人たちに混じって立っている彼女を愛さないわけにはいかない。自分のことを顧みない、彼女の美しい心は、暗く残酷な時代の夜に、明るい星のように輝く。ルツの愛は、宗教上の対立や根深い民族差別をも乗り越える。このような愛は、全世界を探しても簡単には見つからないだろう。

聖書は、私に深い信念を与え、励ましてくれる。「見えるものは束《つか》の間《ま》のものであり、見えないものこそ永遠なのだ」と。

読書好きになってからは、いつもシェークスピアを愛読してきた。チャールズ・ラムの『シェークスピア物語』を読み始めたのはいつだったか、正確にはわからない。しかし、はじめは理解不十分でも、幼い私が、驚きながら読んだのは確かだ。『マクベス』は一番印象が強かったと思う。一度読めば、物語の詳細がすべて脳裏に焼き付き、消えることはなかった。長いあいだ、幽霊や魔女が夢の世界まで私を追いかけてきた。短剣とマクベス夫人の小さな白い手が私には見えた。本当に見えたのだ。あの狂乱した王妃の目に映った、どうしても消えない血の染《し》みも、私には現実のように思えたのである。

『マクベス』のあとは、すぐに『リア王』を読んだ。グロスターの両目がくりぬかれる場面の恐怖を決して忘れることはできない。怒りに襲われ、指は硬直して動かない。長いあいだ座ったまま身動きもできなかった。こめかみのあたりでは血が脈打ち、子どもが感じることのできる、ありとあらゆる憎しみで胸が張り裂けそうになった……。

『ベニスの商人』のシャイロックと魔王サタンのふたりは、ほぼ同時に知ったのだと思う。というのも私の中では、長い間このふたりが、結びついて離れなかったからだ。彼らには同情した記憶がある。漠然とこう感じていたのだ――彼らには誰も救いの手を差し伸べず、公平な機会を与えようともしない。だから、たとえ望んでも、善良になることができないかわいそうな存在なのだ、と。いまでも、この悪の主人公を一方的に非難する気にはなれない。シャイロックや裏切り者のユダのような人間、それに悪魔でさえも、いわば「善」という大きな車輪の、こわれたスポークのようなもの。やがて、もとどおりに修復されるはずだ、と思うことがある。

いま思うと不思議だが、シェークスピアを最初読んだ時は、不快感ばかりを覚えたという記憶がある。明るく、穏やかで、奇抜な戯曲は、いまは一番好きな部類にはいるのに、はじめは印象に残らなかったようだ。これらの作品のもつ、底抜けの明るさと陽気さが、子どもの目から見ると、あまり珍しくなかったからかもしれない。とはいえ、子どもの記憶ほどあてにならないものはない。しっかり覚えていることもあれば、すっぽり抜け落ちてしまう記憶もあるからだ。

その後、シェークスピアの劇は何度も読んだから、一部を暗誦《あんしょう》することもできる。だが、「一番好きなのはどれか?」という質問には、答えられそうにない。私の気分と同じく、好みが変わっていくからだ。劇中歌やソネット(十四行詩)も、劇と同じくらい新鮮で、驚くべき作品であると思う。けれども、こんなにもシェークスピアが好きなのに、批評家や注釈者の無理な解説を読むと、退屈することが多い。以前は彼らの解釈を覚えようとしたこともあったが、つまらなくなり、いらいらするだけだった。だから、自分の中で「秘密の誓い」を立てている。「もう、こんなことはやめよう」と。この誓いを破ったのは、キットリッジ教授のシェークスピアの授業を受けた時だけだ。もちろん、シェークスピアの中にも、この世界にも、私の理解が及ばないことが山ほどあることはわかっている。だからこそ、神秘のベールが一枚一枚剝《は》がされ、新たな思想や美の世界を目にした時の喜びは大きいのである。

詩の次に好きなのは歴史だ。手に入る歴史書はすべて読んだ。無味乾燥な事実や年号のカタログのようなものから、英国の歴史家グリーンが、公平な目で生き生きと描いた『英国民の歴史』、フリーマンの『ヨーロッパ史』、エマートンの『中世』にいたるまで、手当たりしだいに読みあさった。私に歴史の価値を教えてくれた最初の本は、十三歳の誕生日プレゼントにもらったスイントンの『万国史』である。もうこの本は、歴史書としてあまり価値がないことは知っているが、それでも私の宝物であり、手元からは離さない。この本からは、実に多くのことを学んだ——さまざまな人種が土地から土地へと広がって行き、大都市を作った。そして、少数の偉大な為政者、いわば「地上の巨人」が、すべてを支配し、断固たる命令で数百万の人々に幸福の門を開き、同時に数百万の人々に門を閉じた。さまざまな国家が芸術や学問の先駆けとなり、来《きた》るべき成長の時代の基礎をつくった。そして文明は、いったん退廃し没落するが、北の国々で不死鳥のように甦《よみがえ》った。その間にも、偉人や賢者たちは、自由と寛容と教育によって、全世界を救うための道を切り開いてきた……。

大学の授業のおかげで、フランス文学とドイツ文学には少し詳しくなった。ドイツ人は、美よりも力を優先し、伝統よりも真理を大切にする。これは人生にも文学にもあてはまる。ドイツ人がすることすべてに、強烈で、圧倒的な力強いエネルギーが感じられる。ドイツ人が話す時は、他人に感銘を与えるためではない。魂の中で燃えあがる思考に出口を見つけなければ、胸が破裂してしまうからなのだ。

ドイツ文学にも、私の好きな「慎みの美徳」がある。しかし、その最大の美点は、女性の自己犠牲的な愛に「救いの力」を認めていることだろう。これは、ドイツ文学全体に流れている考えで、ゲーテの『ファウスト』の中でも、神秘的なことばで表現されている。

すべて束の間のものは
ただの影にすぎない。
地上の不完全さは
ここに満たされ
言葉にならないことも
ここに成就《じょうじゅ》した。
そして、永遠に女性的なものが我々を天上へと導いてくれる。

いままでに読んだフランス作家の中では、モリエールとラシーヌが断然好きだ。バルザックやメリメの作品には、海に吹く突風のように、人の胸を打つ上質な何かがある。けれども、ミュッセは好きじゃない！ ビクトル・ユゴーには感心させられる。ユゴーは私の好みではないが、彼の天才、才気、ロマンチシズムは評価してもいい。それにしても、ユゴー、ゲーテ、シラーなど、偉大な国の大詩人はすべて、「永遠なるもの」の解釈者だ。私の魂はうやうやしく彼らに従い、真、善、美が一体となった世界へといざなわれるのだ。

どうも、「本」という友人のことばかり書きすぎたようだ。それでもまだ、本当に愛読する作家を挙げただけだ。これを見て、私の読書は狭く偏《かたよ》りがある、と思う人がいるかもしれない。だが、それはまったくの誤解だ。私は広い範囲の作家を愛している。その理由もさまざまだ。評論家・歴史家のカーライルは無骨で、にせものを軽蔑《けいべつ》するところがいい。詩人では、人間が自然と一体であることを教えてくれるワーズワース。フッドは、一風変わっていて痛快なところ。ヘリックは、古風で魅力的なところが好きだ。ヘリックの詩の中には、ユリとバラの香りがあふれている。米国の詩人ホイッティアーは、情熱があり、道徳的に清潔であるところがいい。彼とは知り合いだった。ふたりの友情を静かに思い起こすと、彼の詩を読む喜びが二倍になる。もちろん、誰からも愛されるマーク・トウェインは、私も大好きだ。神々もトウェインを愛していると見えて、彼の心にあらゆる知恵を吹き込まれた。それから人生を悲観しないよう、彼の心に愛と信仰の虹《にじ》をかけられたのだ。スコットランドの作家、ウォルター・スコットは、さわやかで、威勢がよく、とても正直なところが気にいっている。米国の詩人ローウェルのように、心が、楽観主義の日差しの中であぶくを立てているような作家はみんな好きだ——喜びと善意を泉のように吹き出し、時には、怒りのしぶきも立てるが、あちこちで同情と哀れみの水煙で人々を癒《いや》してくれる、そんな作家である。

要するに、文学は私のユートピアなのだ。文学の世界では、私はふつうの人と変わらない。障害があっても、本という友人との、楽しく心地よい会話から締め出されることはない。本は、恥ずかしがらずに、気さくに私に話しかけてくれる。私がいままでに学んだことも教えられたことも、かすんでしまうほどの大きな愛と慈《いつく》しみを、本は私に注いでくれたのである。

第二十二章

前章では本のことばかり書いた。しかし、これを読んで、私には読書しか楽しみがないのだと早合点されては困る。私の趣味、娯楽の範囲は広く、多岐にわたっているからだ。

いままでの話の中で何度か触れてきたから、私の田舎好き、野外スポーツ好きはわかっていただけたと思う。まだ幼かった時に、ボート漕《こ》ぎと水泳を覚えた。そしていま、マサチューセッツ州レンサムの湖畔で夏を過ごすときは、ボートの中で暮らしているも同然の毎日だ。訪ねて来た友人たちと、ボート乗りをすることほど楽しいことはない。もちろん、私だけではボートをうまく操作することはできない。たいてい誰かが船尾に座ってかじを取り、私はもっぱらオールの漕ぎ役にまわるのだ。しかし、かじ取りなしで漕ぐこともある。そんな時、水草やスイレンの香り、岸辺の茂みの匂《にお》いを頼りに舟を進めていくのは楽しい。私が使うオールには革のバンドがついているから、「オール受け」から外れることはない。そして漕ぐ時の水の手ごたえで、左右のオールのバランスを取るのだ。舟が流れに逆らっている時も、オールの手ごたえでわかる。私は、風や波と戦うのが好きだ。自分の思いのままに動いてくれる、小さいが頑丈で忠実なボートを操り、きらきらと光り、上下に揺れる波の上をかろやかに滑っていく。そして、どっしりとした水のうねりをからだに感じる——最高の気分だ！

カヌーに乗るのも好きだ。「カヌーは月夜に限る」といったら、皆さんは笑うだろうか。月がマツ林のうしろから昇り、静かに夜空を移動していく。すると水面には月明かりで道ができ、その上を舟が進んでいく。もちろんその様子を目で見ることはできないが、月がそこに出ているのはわかる。カヌーの中で仰向けになり、片手を水の中に入れると、通り過ぎていく月の衣《ころも》の、かすかな光のきらめきが感じられるように思う。時には、勇敢な小魚が私の指の間をすり抜けて行く。スイレンがそっと手に触れることもある。湖の入り江から船が出ると、急に周りが広々とひらけたのがわかる。光り輝くあたたかさが、私を包みこんでいるようだ。このあたたかさが、日差しに暖められた木々からきているのか、それとも水からのものなのか、見当もつかない。これと同じ感覚を、都会の真ん中で感じることもある。寒い嵐《あらし》の日でも、夜でも起きる不思議な感覚。まるで、あたたかい唇が顔にキスをするような感じなのだ。

いま一番気にいっているのは、ヨットに乗ることだ。一九〇一年、二十一歳の夏に、カナダ東部の半島ノバ・スコシアを訪れた。ここでは、以前とは比べものにならないほど、海に親しむことができた。まず、ロングフェローの詩『エバンジェリン』の舞台となった、魅惑的な土地に数日間滞在し、その後、サリバン先生と私は、半島の中心都市ハリファックスで夏の大半を過ごした。ハリファックス港は私たちの喜びであり、パラダイスだった。ヨットに乗り、ベッドフォード湾からマクナブ島へ、そしてヨーク・リダウト、最後はノースウエスト・アームへと港の中を回る。何ともすてきな船旅！ そして夜になると、しんと静まりかえった巨大な軍艦のかげで、心なごむ、とびきりのひと時を過ごす。すべてが面白く、すべてが美しかった！ この時の思い出は、いつまでも喜びとなって残るだろう。

ある日、私たちはスリル満点の経験をした。ノースウエスト・アームという細長い入り江でボート・レースが開かれ、さまざまな軍艦から舟が出場する。私たちもヨットに乗って見物に行った。海上には、見物のヨットが数百隻《せき》も集まり、波間に揺れている。海は穏やかだった。レースが終わり、帰ろうとした時、黒雲が沖の方から近づいてくるのに、同乗のひとりが気づいた。雲はしだいに広がり、あたりは暗くなってくる。ついには空全体が黒雲で覆《おお》われた。風が吹きはじめ、波が、見えない壁にぶつかったかのように騒ぐ。それでも、私たちのヨットは、勇敢に強風に立ち向かった。帆は、風をはらみはちきれんばかりにふくらみ、帆綱も張り詰める。まるで、風に乗っているかのよう。ヨットは、波にもまれぐるぐると旋回する。大波がやって来て、上へ舞い上がったかと思うと、怒りの雄叫《おたけ》びとともに、突き落とされる。メイン・マストの帆が落ちてきた。私たちはそれでも帆を操り、進路を変えながら、ものすごい勢いで吹きつける風と戦った。心臓は高鳴り、手は震える。怖かったのではない。興奮で震えたのだ。私たちは、海賊「バイキング」の心臓を持ち、船長ならこの嵐を切り抜けられると信じていた。船長は、数え切れないほどの嵐を、巧みな手腕と判断で乗り越えてきた人だった。嵐は過ぎ去った。港を行き交う大型船や軍艦は、私たちのヨットとすれ違う時に、礼砲を放つ。そして水兵たちは、嵐に立ち向かった、ただ一隻のヨットの船長を、拍手でほめたたえた。こうして、冷えきり、お腹《なか》をすかせ、疲れきってはいたが、ようやくのことで、私たちは埠頭《ふとう》へ帰り着いたのだった。

去年は、美しく静かな田舎で夏を過ごした。ニューイングランド地方でも格別に魅力的な村だ。マサチューセッツ州レンサム。私の喜びと悲しみのほとんどすべてが結びついているところだ。「フィリップ王の池」のそばにある、レッド・ファームはJ・E・チェンバレン一家の邸宅だが、何年ものあいだ、わが家のように過ごさせてもらった。チェンバレン一家の思いやりと、いっしょに過ごした幸福な日々を思い出す時、深い感謝の念がわいてくる。この家の子どもたちとの友情は、私には大切なものだった。みんなでスポーツをし、森を散策し、水遊びをする。子どもたちとのおしゃべり。小妖精《ようせい》エルフと地の精ノームの話、英雄やずる賢いクマの話を私がしてあげると、身を乗り出すようにして聞いてくれる――みんな楽しい思い出だ。チェンバレン氏は、木々や野の花の神秘に気づかせてくれた恩人である。おかげで、私の小さな愛の耳には、カシの木を流れる樹液の音が聞こえ、木洩《こも》れ日《び》が目に見えるようになったのだ。

うす暗い地中に閉じ込められた木の根は
地上で梢《こずえ》が受ける喜びを分かち合い
太陽の光、広々とした大気、鳥たちを想像することができる
だから私も、自然の共感によって、同じ行いができるのだ

この詩のように、目に見えないものの存在に私も気づいたのである。
人間には、人類が有史以前から経験してきた、印象や感情を理解できる能力がある

ように私には思われる。一人ひとりが、緑の地球とささやく水の記憶を潜在意識の中に持っている。だから、たとえ目と耳を失っても、この過去からの贈り物を奪うことはできない。この受け継がれた能力は、「第六感」のようなもの――見、聞き、感じることが一体となった魂の感覚とでもいえばいいだろうか。

レンサムには、樹木の友だちがたくさんいる。中でも、みごとなカシの巨木を誇りに思っている。人間の友人たちを引き連れて、この巨木に会いに行く。カシは、「フィリップ王の池」を見下ろすがけの上に立っている。木の伝承に詳しい人の話では、樹齢は八百年か千年くらい。この木の下で、勇敢なインディアンの酋長《しゅうちょう》「フィリップ王」が、大地と空を最後に一瞥《いちべつ》して亡《な》くなったのだという。

もう一人の友人は、おとなしく、カシの巨木よりも親しみやすい。チェンバレン家の表の庭に生えていたシナノキだ。ある日の午後、激しい雷雨があり、突然、家の側面にものすごい衝撃を感じた。それが何だか聞く前に、シナノキが倒れたのだとわかった。数多くの嵐に耐えてきた雄々《おお》しい姿を見るために、私たちは外へ出た。勇敢に戦ってきた彼が、地面に倒れ、うつ伏している様子に胸が締めつけられた。

そうそう、いまは去年の夏の出来事について書こうとしていたのだ。そのことを忘れてはいけない。大学の試験が終わると、サリバン先生と私は、この緑の隠れ家へ急いだ。レンサムは三つの湖で有名だが、そのひとつのほとりに小さな田舎家がある。ここで、毎日、陽にあたりながら、長い一日を過ごしたのだった。そして勉強、大学、都会の喧騒《けんそう》はどこかへ忘れ去ってしまった。もちろんレンサムにも、戦争、同盟、社会闘争など海外の情勢は伝わってくる。太平洋のはるかかなたで、無意味で残酷な戦いが起きたことを知り、資本家と労働階級の間で闘争が続いていることも聞いた。このエデンのような楽園から一歩外へ出れば、人々は休日も取らず、額に汗をして歴史をつくっていることはわかっていた。しかし、レンサムでは、世間の俗事には注意が向かない。そうした出来事もいずれ過ぎ去ってしまうだろう。だがここには湖と森と、ヒナギクが一面に咲く広い野原と甘い息をする牧場がある。そしてこれこそが、いつまでも変わらないものなのだ。

外界の情報は、目と耳だけで入手すると思い込んでいる人たちがいる。そういった人たちは、私が歩くだけで、都会の通りといなか道の違いを区別できることに驚く。違いは、もちろん舗装の有無だけではない。彼らは、私のからだ全体が周りの状況を知覚していることを忘れているようだ。都会の騒音は、私の顔の神経を打ちのめす。目に見えない群集の靴の音が絶えず感じられる。そして、不協和音のような喧騒が私の心をいらだたせる。重い荷馬車が固い舗装道路を走る音、ガンガンという機械の単調な金属音――私には苦痛でしかない。目が見える人は、次々と変わりゆく通りの光景に注意をそらされるから、この騒がしさに耐えられるのだろう。

一方、田舎では、大自然の美しい作品だけを見ることができる。人口が密集する都会で繰り広げられている、残酷な「生存競争」に心を悲しませることはない。いままで何回か、貧しい人たちが暮らす、汚い路地裏を訪れたことがある。お金持ちは、幸せそうに立派な家に住み、権力を持ち、見た目も美しい。それなのに、汚く、陽も当たらない長屋住まいを強いられている人たちは、醜くなり、いじけて、縮こまっている。この現状を思うと、頭に血がのぼり、怒りが止まらなくなる。よごれた裏通りに群がっている子どもたちは、着るものも食べるものも満足にない。私が手を伸ばしても、殴られると思うのか、後ずさりする。このかわいそうな子どもたちは、いつも私の心の中にしゃがみ込んで、私を苦しめ悩ますのだ。この路地裏には、深いしわが刻まれ、からだが折れ曲がった老人たちもいる。私は、彼らの固く、ごつごつした手を触り、その人生が苦闘の連続であったことを悟る。ひたすら戦いもがき、何をしても失敗の連続。いくら努力しても、何の成果も得られない人生だったのだろう。太陽と空気は、神がすべての人に平等に与えられた「無償の贈り物」だという。果たしてそうだろうか？　都会の裏側の、うすよごれた通りには、日は射《さ》さず、不潔な空気が漂っている。ああ、人間たちよ、なぜ自分の兄弟のことを忘れ、彼らの邪魔ばかりするのか。なぜ食べる物のない人がいるのに、「われらの日ごとのパンを、今日も与えたまえ」などと祈ることができるのだろう。人は都会を離れ、その華やかさ、騒音、お金を捨てて、森と野原にもどり、素朴で正直な生活をすればいい！ そうすれば子どもたちは、厳かに立つ木々のように立派に成長し、その考えも、道端に咲く花のようにやさしく清らかなものになるだろう──一年間都会で忙しく暮らし、田舎にもどると、こう考えないわけにはいかなかった。

ふたたび、柔らかく、弾力のある土を踏みしめる快感。草深い道を通って、シダで覆われた小川へ行き、せせらぎに指をひたす時の喜び。石垣をよじのぼり、その向こうへ広がる緑の草原に足を踏み入れる。緑は喜びのあまり、転げ、はいずりまわっている！

ゆったりした散歩の次に気にいっているのは、二人乗りの自転車に乗せてもらうことだ。顔に吹きつける風の感触、自転車の軽快な動きをからだに感じるのは、何とも言えないうれしさだ。風を切って走ると、力をもらい、空を飛んでいるような気分になる。私の脈拍は踊り、心は歌うのだ。

散歩をするときも、自転車や船に乗るときも、可能なかぎり私は犬を連れて行く。

犬の友だちは数が多い。大型のマスチフ犬、かわいい目をしたスパニエル、木のようにじっと動かなくなるセッター犬、そして正直だが不格好なブルテリア。現在、最も愛情を注いでいるのは、一匹のブルテリアだ。血統は由緒《ゆいしょ》正しいが、しっぽは曲がり、犬族の中で一番ひょうきんな顔つきをしている。犬たちは皆、私の障害がわかるようで、ひとりの時は、いつもそばに寄り添ってくれる。犬の愛情溢《あふ》れるしぐさと、雄弁にしっぽを振る動作が私は大好きだ。

雨で外出できない時は、家の中でいろいろなことをして遊ぶ。楽しみ方は、普通の女の子と変わらない。編み物をしたり、気ままに本を拾い読みする。友人とふたりで、チェッカー（碁）やチェス（将棋）をやることもある。家には、このための特別製の盤がある。マス目が深く彫られているから、駒《こま》を置いても倒れる心配はない。チェッカー用の黒駒は平たく、白駒は上が丸く湾曲している。駒の真ん中には穴が開いていて、そこに真鍮《しんちゅう》の球を入れ、キング（王）とその他の駒を区別する。チェスの駒は二種類の大きさがあって、白が黒よりもやや大きい。だから、相手が手を打ったあと、盤の上で軽く手を動かせば、敵の作戦がすぐにわかる。また、相手がマス目の穴から穴へと駒を移動させる時の振動で、次は自分の手番だとわかるのだ。

友人もいなくて、怠惰な気分の時は、トランプでひとり遊びをする。これも私は大好きだ。カードは、右上隅に点字があるものを使う。これで、カードの数字がわかる仕組みだ。

近くに子どもがいれば、一緒にふざけるのが一番だ。まだ小さな子どもでも、いい遊び相手になってくれる。そして子どもの方も、たいてい私のことを気に入ってくれるから、うれしい。私をあちこちに案内し、自分に興味があるものを教えてくれる。もちろん、子どもは指文字で「指話」することはできない。私の方で彼らの唇に触れ、言いたいことを読み取るのだ。私がわからない時は、子どもたちは、無言のパントマイムで私に意思を伝えようとする。それでも私が勘違いして、へまをすることがある。そうすると子どもっぽい笑いがドッと起こり、またパントマイムが始めから繰り返されるのだ。私は、よく子どもたちに話をし、ゲームを教えたりもする。そうしているうちに、私たちは幸せな気分になり、時間は羽が生えたように過ぎてしまう。

博物館や美術品店へ行くのも、私の喜びと刺激の源泉だ。目が見えない人間が、手で触れただけで、冷たい大理石の中に動き、感情、美を読み取れると聞いて、不思議に思う人も多いだろう。それでも、偉大な美術品に触れることで、私が心からの喜びを得られることは事実なのである。指先で輪郭や線をたどっていくと、芸術家が描いた思想と感情が伝わってくる。人間の顔に触れさせてもらった時と同じように、神々や英雄の顔に、憎しみや勇気や愛が感じられるのだ。森の女神ディアナの姿に、私は、森の優雅さと自由を感じ、また、獰猛《どうもう》なライオンを手なずけ、荒々しい情熱を静める力も見つけることができる。美の女神ビーナスの落ち着きと曲線美に、私の魂は歓喜の声をあげる。そしてバレのブロンズ像に触れ、ジャングルの秘密を知るのだ。

私の書斎の壁には、盲目の詩人ホメロスの石膏《せっこう》でできたレリーフがかかっている。手を伸ばせばさわれるくらいの高さにかけてあるから、いつでも、あの美しく愁《うれ》いを帯びた顔に触れ、敬愛の念を感じることができるのだ。この威厳のあるひたいに刻まれた一本一本のしわを私はよく知っている――人生の歩み、戦いと悲しみの辛《つら》い証《あか》しがここに表されている。見えない目は、冷たい石膏の中にあっても、愛するギリシアの光と青空を追い求め続けている。美しい口元は、誠実でやさしく、固く結ばれている。これこそ詩人の顔であり、悲しみを知り尽くした人間の顔なのだ。私には、ホメロスが味わった苦しみがよくわかる。彼もまた、永遠の夜に住んでいたのだ。

ああ、暗い、暗い、いまは輝く真昼なのに
どうしようもない暗さ、まるで闇夜《やみよ》ではないか
日の光が届く望みはかけらもない！

想像の中で、私にはホメロスの歌声が聞こえる。ふらつき、ためらいがちな足取りで、人の溜《た》まり場《ば》を手探りで放浪していくホメロス。そして人生、愛、戦争、高貴な民族の歴史を歌いあげたのだ。それは、みごとな神々《こうごう》しいばかりの詩《うた》であった。こうして、盲目の詩人ホメロスは、不朽の栄冠とあらゆる時代の賞賛を手にしたのである。

目よりも手の方が、彫刻の美を敏感に感じとれるのではないか、と思うことがある。輪郭や線のリズミカルな流れは、目よりも、手で触れた方が、微妙な違いを感じることができるのではないだろうか。ともあれ、私が古代ギリシア人の心臓の鼓動を、大理石の神々や女神の中に感じることができるのは事実である。

機会はそれほどないが、観劇も趣味のひとつだ。舞台で俳優が演じている時に状況を説明してもらうのは、本で物語を味わうよりもはるかに楽しい。なにしろ現場に居合わせたような、臨場感があるからだ。光栄なことに、私は数人の名優、名女優に会うことができた。偉大な俳優というのは、観客に魔法をかけ、時と場所を越え、ロマンチックな過去にタイム・スリップさせる力をもっているものだ。英国の名女優、エレン・テリーが、理想の王妃に扮《ふん》した時、顔と衣装に触らせてもらったことがある。彼女には、神々しさと内に秘めた悲哀が漂っていた。その横には、王様の装束を身にまとった、名優ヘンリー・アービング卿《きょう》が立っている。彼のしぐさ、物腰には堂々とした知性があり、その繊細な顔立ちには、見るものを圧倒する王者の威厳が漂っていた。そして王に扮したその顔には、決して忘れることのできない、近寄りがたい悲しみがあった。

喜劇俳優のジェファソン氏も知り合いだ。彼を友人と呼べることを、私は誇りに思っている。近くで舞台に出ていることがわかれば、かならず観に行くことにしている。はじめてジェファソン氏の舞台を観たのは、ニューヨークの学校にいたときだった。目が覚めると、いつのまにか長い年月が経《た》っていたという、『リップ・バン・ウィンクル』の主人公を演じていた。この物語は何度も本で読んだことがあるが、この時はじめて、のんびりとして古風で、親切なリップの人柄の魅力がわかったのだ。ジェファソン氏の美しく、哀愁を帯びた演技に、私は満足し心を奪われた。私の指に刻み込まれた、年老いたリップの面影は、永遠に消えることはないだろう。芝居が終わると、サリバン先生に連れられて楽屋へ行き、ジェファソン氏に会うことができた。早速、ちょっと変わった衣装と長く垂れた髪とあごひげに、触らせてもらった。顔も触らせてくれたので、二十年の不思議な眠りから覚めた時の、リップの驚く顔を想像できた。そのうえ彼は、老人になったあわれなリップがふらつく足で立ち上がる様子を、その場で演じてくれたのである。

シェリダンの喜劇『恋敵《こいがたき》』を演じる、ジェファソン氏を観たこともある。ボストンに彼を訪ねて行った時、私のために、わざわざ『恋敵』のさわりをその場で演じてくれた。私たちが通された応接室が、舞台に早変わりした。彼とその息子が、大きなテーブルに腰掛ける。するとジェファソン氏は、たちまちボブ・エーカーズになり、挑戦状を書いた。私は両手で動きをすべて追っていたから、ボブの間抜けた行動がいかに滑稽《こっけい》か、よく理解できた。指文字だけでは、こうはいかなかっただろう。それからふたりは立ち上がり決闘を始める。二本の剣は素早く突き合い、攻撃を受け流す。やがてボブの勇気は消えうせ、心は揺れ動く――この間、私はすべて手の触覚で追っていたのだ。それからこの名優は上着を取り、口元を引き締めた。と次の瞬間、場面は変わり、私はリップ・バン・ウィンクルの住むフォーリング・ウォーター村にいた。そしてひざには、リップの愛犬シュナイダーの毛むくじゃらの頭がぶつかるのを感じた。ジェファソン氏が『リップ・バン・ウィンクル』の名場面のせりふを口にする。すると、笑顔に涙がにじんでくる。「このせりふに合った演技をしてごらん」と言われたが、演技のことなど何もわからない私は、ただ思いつきで身ぶりをするだけだった。それにしても、ジェファソン氏のせりふにぴったり合った演技は見事だった。

「人間というのは、姿を消すと、こんなにも早く忘れられてしまうものなのか？」そうリップが、ため息まじりにつぶやく場面。長い眠りから覚めたあと、銃と愛犬を探してうろたえるところ。悪徳資本家のデリックとの契約をためらう時の滑稽なしぐさ——すべてが、現実に起きているような迫真の演技だった。もっともこれは、思ったままに事が運ぶ、「理想的な現実」ではあったが。

はじめて劇場へ行った時のことはよく覚えている。十二年前のことだ。『王子と乞食《こじき》』のボストン公演があり、子役のエルシー・レズリーが出ていた。この時、サリバン先生に連れられて観に行ったのだ。このすばらしい舞台の最初から終わりまで、喜びと悲しみが、さざ波のように交互に押し寄せたことも、主人公の素敵な子役のことも忘れられない。劇の終了後、舞台裏へ行き、まだ王子の衣装を着ていた彼女と会うことができた。これほどかわいく愛らしい子はまずお目にかかれないだろう。エルシーは、肩まで伸ばした金髪をなびかせ、明るくほほえんでいた。はにかんだり、疲れた様子を見せることもない。いままで大観衆の前で演技をしていたというのに。私は、このころやっと話せるようになったところだったから、彼女の名前を完璧《かんぺき》に発音できるよう、前もってくり返し練習しておいた。エルシーは、私が二言、三言話すとすぐにわかり、片手を差し出してあいさつしてくれた。この時の私の感激を想像してもらいたい。

これで、不自由な私の生活も、さまざまな点で美の世界と繫《つな》がっていることをおわかりいただけたと思う。すべては驚きに満ちている。暗闇と沈黙の世界も例外ではない。だから、私はどんな境遇にあっても、満足することを学んだのだ。

時には、閉ざされた人生の門の前で、ひとりぼっちで座って待っている時、孤独が冷たい霧のように私を包むこともある。門の先には、光があり、音楽があり、仲間との楽しいひと時がある。しかし、その門をくぐることを私は許されない。何も言わない、無慈悲な「運命」が、行く手をさえぎっているからだ。できることなら、「運命」の横暴な命令に私は異議を唱えたい。というのも私の心は、まだ大人しくしていることができず、情熱に燃えているからだ。それでも、のど元まで出かかった自暴自棄のことばを、私は決して言わない。こぼれなかった涙のように、その思いを飲みこみ、胸の奥にしまっておくのだ。沈黙は、いつまでも私の魂の上から動こうとしない。しかしやがて、希望が微笑《ほほえ》みとともにやって来て、つぶやく。「喜びは、自分を忘れることにあるのだ」と。だから私は、人の目に入る光をわが太陽とし、人の耳に聞こえる音楽を私の華麗なシンフォニーにしよう。人の唇からもれる微笑みを、自分の幸せと感じられる人間に私はなりたい。

第二十三章

最後に、私の幸福の手助けをしてくれた人たちの名前をすべて記し、本書に彩《いろど》りを添えたいところだが、そうもいかないようだ。中には、アメリカ文学史に名を留め、多くの人たちに親しまれる有名人もいるし、読者の大半に全く知られていない人もいる。しかし名前は知られなくとも、この人たちの影響は、恩恵を与えた人々の人生の中に、永遠に留まることになるのだ。人生の記念すべき日――。それは、一流の詩のように、私たちの心を躍らせる人と出会った日だ。握手をしただけで、もの言わぬ思いやりの心が伝わってくる人。やさしく豊かな人格で、先を焦《あせ》る気短な私たちに、天国のような深い安らぎを与えてくれる人。このような人たちに会うと、いままで頭を悩ませていた混乱、いら立ち、心配は、不快な夢を見ていたかのように過ぎ去ってしまう。そして私たちは目を覚まし、神の世界の美とハーモニーを新鮮な気持ちで味わえるようになる。日常生活のつまらない悩みは、一瞬のうちに明るい未来に変わってしまう。要するに、素晴らしい友人がそばにいてくれれば、心が癒《いや》されるのだ。それは、いままで一度も会ったことがない人かもしれない。また、人生で二度と会うことがない人かもしれない。それでも、その穏やかで円熟した人格に接することによって、心の中の不満が消え去り、まるで山の清水が海に注がれ新鮮な塩水になるように、私たちは癒されるのである。

「人にあきあきすることはありませんか?」と訊《き》かれることがよくある。この質問の意味を私はよくわからない。だが、愚かで興味本位だけの人、特に新聞記者などは、いつも私の都合が悪い時にやって来ると思う。また、こちらの理解力が低いと見て、見下した態度で話そうとする人も嫌いだ。いっしょに歩いている時に、意識的に歩幅を縮めて相手に合わせてあげようとする人と同じだからだ。どちらにも「偽善」が感じられ、同じくらい腹が立つ。

人と握手する時、その手は無言のうちにさまざまなことを伝えてくれる。手の感触で、無礼な人だとわかることもある。喜びが全く感じられない人に会ったこともある。冷たい霜のような指先を握り締めたとき、まるで北風と握手しているようだった。そうかと思えば、手の中に日の光が射《さ》しこんでいるような人もいる。こういう人と握手をすると、心があたたまる。普通の人が、愛に満ちた眼差しを見て太陽を感じることがあるだろう。私の場合も、それが子どもの手であっても、その柔らかい感触の中に日の光を感じることがあるのだ。心のこもった握手や親しみのこもった手紙は、この上ない喜びを私に与えてくれるのである。

遠くにいて、一度も会ったことがない友人もたくさんいる。本当に友人の数が多すぎて、手紙に返事を書けないことが多い。だからここで言っておきたい。なかなか返信はできないが、みなさんの思いやりのある手紙にはいつも感謝しています、と。

いままでの人生で、数多くの天才たちと知り合い、話ができたことを、私は非常にありがたく光栄に思っている。ブルックス主教に会ったことがない人は、主教との友情の喜びをなかなか理解できないかもしれない。子どもの時、主教のひざの上に座り、片手であの大きな手を握りながら、神と霊的世界の話を聞くのが好きだった。その間、サリバン先生が私のもう片方の手に、主教の美しいことばを綴《つづ》ってくれたのだった。私は話を聞きながら、子どもらしく驚いたり、喜んだりした。私の魂は、主教の魂の高みまでは上れなかったが、人生の本当の喜びを教えてもらったと思っている。主教のもとを去る時はいつも、清らかな「思い」で胸がいっぱいだった。そしてその「思い」は、私が成長するにつれ、ますます美しく意味深いものになっていくのだった。ある時、なぜこんなにもたくさんの宗教があるのか、という私の質問に、主教はこう答えた。「ヘレン、普遍的な宗教はひとつしかない。それは『愛』という名の宗教だ。心と魂の奥底から、天なる父を愛しなさい。神の子どもすべてを全力で愛しなさい。そして、善の力は悪の力よりも強いのだということを忘れないように。そうすれば、天国の鍵《かぎ》はあなたのものだ」そして主教は、この偉大な真理を実証する見事な人生を全うされた。彼の高貴な魂の中では、愛と無限の知識が、見識にまで高められた信仰と溶け合っていた。主教は神を見たのだった。

人を自由にし、高めるすべてのもの、
人を謙虚にさせ、やさしい心にし、慰めるすべてのものの中に神がある。

ブルックス主教は、宗教上の教えや教義はとりたてて教えてくれなかったが、私の心にふたつの重要な考えを吹き込んでくれた。「神は父であり、人間は兄弟である」。この真理はあらゆる教え、あらゆる信仰の土台になっている。神とは愛であり、神は私たちの父であり、人間は神の子どもだ。だから、どんなに暗雲が垂れ込めていても、いずれ雲は切れ、日の光が射しこむだろう。たとえ正義が踏みにじられることがあっても、悪が勝利することは決してない――これが、主教の教えてくれたことなのである。

いま生きている世界で私は十分幸福なので、その先のことについてあまり考えたことはない。ただ、懐《なつ》かしい友人たちが、どこかにある神の美しい園で待っていることだけは忘れていない。何年経っても、すぐ近くにいるように感じられる。いま彼らが目の前に現れ、生前と同じように私の手を握り、やさしい言葉をかけてくれたとしても驚くことはないだろう。

ブルックス主教が亡《な》くなってから、聖書をはじめから終わりまで読んでみた。神秘主義者スウェーデンボルグの『天界と地獄』、宗教思想家ドラモンドの『人間の向上』など、宗教に関する哲学的著作にも目を通した。しかし、ブルックス主教が説いた「愛の教え」以上に、私の心を満たしてくれるものを見つけることはできなかった。ヘンリー・ドラモンド氏とは知り合いだった。彼の力強くあたたかい握手の思い出は、「神からの祝福」のようなものだ。最も思いやりのある友人だった。博学で、陽気なドラモンド氏がそばにいると、退屈することは決してなかった。

詩人で医師の、オリバー・ウェンデル・ホームズ博士にはじめて会った時のことはよく覚えている。ある日曜日の午後、サリバン先生と私は博士の家に招待された。まだ春のはじめで、私が話し方を覚えたばかりの頃である。家にはいると、すぐに書斎に通された。ホームズ博士は、暖炉のそばの大きな肘掛《ひじか》けイスに座り、「昔のことを考えていたんだ」と言った。炉の中では火が赤々と燃え、薪《まき》がパチパチと音を立てていた。

「チャールズ川のささやきも聞いていらしたの?」と私が訊く。

「そうだ。チャールズ川といえば懐かしい思い出ばかりだからね」。部屋にはインクと革の匂《にお》いがした。これで、棚に本がたくさん並んでいることがわかった。思わず片手を伸ばし、本を探そうとする。私の指は、テニソンの美しい詩集に触れた。サリバン先生から何の本であるか教えてもらうと、私はテニソンの詩を暗誦《あんしょう》しはじめた。

ああ、海よ!
砕けよ、砕けよ、砕けよ
その冷たい灰色の岩の上で

だが、すぐに言葉を止めた。手に涙がぽたぽたと落ちるのを感じたからだ。愛する詩人を泣かせてしまい、私の心は痛んだ。それからホームズ博士は、私を肘掛けイスに座らせ、面白いものをいろいろ持ってきては、私に触らせてくれた。最後に、博士のリクエストで、当時お気に入りだった『オウム貝』の詩を暗誦した。そのあともホームズ博士とは何度も会った。そして詩人としてだけでなく、博士の人間性を愛するようになったのだ。

この訪問からまもない、ある美しい夏の日のこと。サリバン先生と私は、メリマック川の畔《ほとり》にある、詩人ホイッティアー氏の閑静な家を訪れた。彼の礼儀正しく穏やかな態度、古風なことば遣いは私の心をつかんだ。浮き出し文字で印刷された、彼の詩集があったので、私はその中から『学校時代』を読み上げた。ホイッティアー氏は、発音が上手だ、とほめてくれた。しかも「あなたの話すことは、苦労せずにわかりますよ」とまで言ってくれたのである。私は、この詩についていくつも質問をし、彼の唇に手を当てて答えを読み取った。詩中の少年は実は自分のことで、少女の名前はサリーということも明かしてくれた。だが、それ以上のことは忘れてしまった。私は、奴隷《どれい》制廃止を記念して作られた『神を讃《たた》えよ』の詩も暗誦してみせた。そして最後の数行を口にしている時に、私の両手に奴隷の彫像が手渡された。奴隷はうずくまった姿勢で、つながれていた鎖が外れようとしていた。まるで牢獄《ろうごく》にいた十二使徒のペテロのよう。ペテロも、天使によって解放された時、その鎖が落ちたのだった。このあと書斎に案内され、そこでホイッティアー氏はサリバン先生のために賛辞を書き、自筆のサインをされた。「愛する生徒の心を、牢獄から解放された尊い仕事を私は心から賞賛いたします――あなたの誠実なる友人、ジョン・G・ホイッティアー」そして私にはこう言った。「サリバン先生のおかげで、あなたの魂は解放されたのだよ」それから門のところまで送ってくれ、額にやさしくキスをしてくれた。「来年の夏にもう一度来ます」と私は約束したが、その約束がかなえられないまま、ホイッティアー氏は亡くなった。

牧師のエドワード・エベレット・ヘール博士は、一番古い友人のひとりだ。八歳の時に知り合ってから、年ごとに、博士に対する敬愛の思いは増すばかりだ。試練と悲しみの時、その賢明で、やさしい思いやりの心に、サリバン先生と私はどれだけ救われたことか。博士の力強い助けのおかげで、苦境を何度も越えられたのである。しかも、博士は、人生の困難に直面した数千もの人に、同様に救いの手を差し伸べられたのだ。ヘール博士は、「教義」という古い革袋の中に、「愛」という新しいワインを注ぎ、人々に信仰、人生、自由の意味を教えたのである。博士が説いたことは、歩んできた人生の中に見事に表現されている――祖国を愛し、最も小さきものにもやさしい声をかけ、天上を目指した真摯《しんし》な生活を続けられたのだった。博士は、神の預言者であり、人々を励まし、神のことばを勇敢に実行した。そして人類すべての友人でもあった。いまもそれは変わらない。ヘール博士に、神の祝福がありますように。

アレクサンダー・グラハム・ベル博士との出会いについては、すでに書いた。その後、博士とは、首都ワシントンや、カナダのケープ・ブレトン島の中央にある美しい博士の家で会い、楽しい日々を過ごした。博士の家は、作家チャールズ・ダッドリー・ワーナーの本で一躍有名になった、バデックという村の近くにある。私は、博士の研究所や、家の近くの雄大なブラドー湖畔の野原で、数々の実験の話を聞き、凧《たこ》を飛ばすのを手伝って楽しんだ。凧上げは、「未来の飛行船」の飛行原理を発見するための実験だった。ベル博士は、科学の多くの分野に通じており、あらゆるテーマを興味深いものに変えてしまう技術を持っていた。難解な理論も面白くしてしまうのだ。ベル博士の手にかかれば、「もう少し時間があれば、自分も発明家になれるのではないか」と思い込まされてしまう。博士は、ユーモアと詩的な面ももち合わせていた。

しかし博士が一番熱心だったのは、子どもたちへ愛情を注ぐことだった。耳の聞こえない小さな子どもを、腕に抱いている時ほど幸せなことはないようだ。聴覚障害者のために博士が払った努力は、いつまでも忘れられることはなく、未来の子どもたちもその恩恵に与《あずか》り続けることだろう。その業績はもちろんのことだが、博士が人々の心の光となったことに、私たちは敬意を払っている。

ニューヨークにいた二年間に、有名人と話す機会が何度もあった。名前は耳にすることはあっても、実際に会えるとは思っても見なかったような人たちだ。彼らと知り合ったのは、たいてい、親友のローレンス・ハットン氏の家を訪問した時であった。ハットン夫妻の素敵な邸宅を訪問し、書斎を見学する。そして、才能豊かな友人たちが夫妻のために書いた、美しい情緒と巧みな思想にあふれたことばを読ませてもらえたのは、光栄なことだった。ハットン氏に接すれば、誰でも最高の考えがひらめき、最もあたたかな感情が湧《わ》いてくると言われるが、それももっともなことだろう。ハットン氏を理解するのに、彼の自伝的小説『私が知っていた少年』を読む必要はない。彼は、私が知る中で最も寛大で心のやさしい人であり、雨の日も風の日も変わらない親友である。人間だけでなく犬にまで深い愛情をかけられる人なのだ。

ハットン夫人は、私が全幅の信頼を寄せる友人だ。私が、最もうれしくありがたいと思うことの多くは、彼女からもらったものである。大学の勉強については、何度もアドバイスをもらい、助けてもらった。勉強が難しくてやる気を失《な》くしそうだった時、彼女の手紙のおかげで、心が明るくなり、がんばれたのだ。「辛いことをひとつ終わらせれば、次はもっとやりやすくなる」と教えてくれた恩人なのである。

夫のハットン氏からは、作家友だちをたくさん紹介してもらった。その中で最高の作家は、ウィリアム・ディーン・ハウエルズ氏とマーク・トウェイン氏である。詩人のリチャード・ワトソン・ギルダー氏、エドマンド・クラレンス・ステッドマン氏とも会った。作家のチャールズ・ダッドリー・ワーナー氏とも知り合いだ。ワーナー氏はとても愉快な作家であり、私のもっとも大切な友人でもある。彼の思いやりは実に広い。「あらゆる生物も隣人も、自分と同じように愛する」という文句は、彼にこそあてはまるのかもしれない。ワーナー氏は、森の詩人、ジョン・バローズ氏を連れてきて会わせてくれたこともある。彼らは皆、紳士で思いやりにあふれていた。だから、そのエッセーや詩に感銘を受けただけでなく、人柄に魅力を感じたのだった。作家仲間が集まると、話題があちらこちらへ飛び、議論が白熱し、機知に富んだ会話で盛り上がるが、さすがに私はついていけない。こんな時の私は、ギリシア神話のアスカニオスのようになる。強大な運命に立ち向かう、父アイネイアスの後をとぼとぼとついていく幼子のようになるのだ。それでも、彼らは、思いやりのことばを何度もかけてくれる。詩人のギルダー氏は、月明かりの中、広大な砂漠を旅してピラミッドにたどり着いた話をしてくれたし、私に手紙を書くときは、指で触れてわかるよう、自分の署名の下に深く印をつけてくれた。そういえば、ヘール博士は、いつも手紙の署名を点字で打たれ、心遣いをいただいたことを思い出す。マーク・トウェイン氏の口に触れさせてもらい、唇から直接、面白い話を一つ二つ読ませてもらったこともある。彼の考え、話し方、行動は、すべてトウェイン流の独自のものだ。私はトウェイン氏と握手をすると、その目の輝きを手に感じる。そしてなんとも言えないとぼけた声で皮肉な思想を語っている時でさえ、やさしさと思いやりの心を失わない人なのである。

ニューヨークでは、まだまだ大勢の興味深い人たちに出会った。児童文学者のメアリー・メイプス・ドッジ夫人。少年少女向けの月刊雑誌「セント・ニコラス」の愛すべき編集者である。そして同じく児童作家のリグズ夫人（ペンネーム、ケイト・ダグラス・ウィギン）。『パッツィー』の作者である。私はこれらの人たちから、心のこもった贈り物を受け取った——自分の考えを記した著作、心があたたかくなる手紙、それに何度も何度も説明してもらいたいような素敵な写真などである。しかし紙幅の関係で、友人すべてを紹介することはできないようだ。それにしても、友人というのは、ありがたくて、活字にするのがためらわれることもある。ローレンス・ハットン夫人のことを書く時も、少し迷ったのだった。

もう二人だけ友人を紹介させて欲しい。ひとりは、ピッツバーグのウィリアム・ソー夫人。何度もリンドハーストにある彼女の自宅にお邪魔したことがある。いつも人を喜ばせることばかりしている人だ。知り合ってから何年も経《た》つが、彼女の寛大さと賢明なアドバイスを、サリバン先生と私はいつもありがたく思っている。

もう一人の友人にも、深い恩を感じている。広く知られた力強い手腕で、多くの大事業を導き、その卓越した能力で、すべての人の尊敬を集めている。あらゆる人にやさしく、音も立てず、姿も見せずに善いことに取りかかる存在。ああ、またしても、口にしてはならない、畏《おそ》れ多い存在に触れてしまったようだ。それでも、ひとこと感謝のことばを述べさせて欲しい。その寛大な心と愛情あふれる関心があったからこそ、いま私は大学へ行けるのだから。

こうして、数々の友人たちの力で、私はここまで来ることができた。方法はさまざまだが、友人の存在が、「障害」を素晴らしい恵みへと変えたのである。おかげで、音も光もない暗闇《くらやみ》の中を、のどかな気分で楽しく歩いてこられたのだ。

訳者あとがき

小倉慶郎

名門ハーバード大学に通う、二十二歳のうら若きアメリカ人女性。彼女はとびぬけた秀才で、英語はもちろんのこと、フランス語、ドイツ語にも堪能《たんのう》で、ラテン語、ギリシア語まで読みこなす。つまり、古典語を含め、実に五ヶ国語を操るスーパー・ウーマンだ――。こういったら、皆さんはどのような女性を想像されるだろうか？　もちろん、この女性こそ、本書の著者、ヘレン・アダムズ・ケラーである。その名前を伏せてしまえば、この才媛《さいえん》が、まさか、目が見えず耳も聞こえない、静寂と暗闇《くらやみ》の世界の住人だとは夢にも思わないだろう。

本書の原書は、*The Story of My Life*（一九〇三）である。ヘレン・ケラー、二十三歳の年の処女作であるが、前年に月刊婦人雑誌「レディーズ・ホーム・ジャーナル」に掲載された自伝がもとになっているから、実質上、二十二歳のときの著作といっていい。また、ヘレンがハーバード大学在学というのも間違った表現ではない。なぜかといえば、ヘレンが入学したラドクリフ・カレッジは、ハーバードの女子部だったからだ。当時ハーバード大学に女性は入学できず、ハーバードで学ぶ学力をもっと認められた女性は、隣にあるラドクリフで学ぶことになっていたのである。ちなみに、ラドクリフとハーバードは一九九九年に正式に合併している。

日本では、ヘレン・ケラーといえば、「奇跡の人」「三重苦の聖女」というキャッチ・フレーズでおなじみだ。アメリカ映画「奇跡の人」（一九六二）を見たことがある人も多いだろう。この映画でサリバン先生を演じた、アン・バンクロフトは、この年のアカデミー主演女優賞を受賞、ヘレン役のパティ・デュークは助演女優賞に輝いた。ふたりの熱演は忘れ難い。一度は見ておきたい名作である（現在は、安価なＤＶＤで入手できる）。もちろん日本では、大竹しのぶ主演の「奇跡の人」があまりにも有名だ。こちらは舞台公演であるが、名女優大竹しのぶ演じるサリバン先生は、観客の圧倒的な感動を呼び再演を重ねている。

たとえ映画も舞台も観《み》たことがなくとも、ヘレンの伝記なら、小学生の時に読んだことがあるという人が多いはずだ。しかし、小学生用の「ヘレン・ケラー物語」は知っていても、彼女が直接一人称で語りかける「自伝」を読んだことがある大人の読者は、思いのほか少ないのではないだろうか？　英語で書かれたヘレンの自伝は、世界各国で読まれ、アメリカでは、現在でも、一般向けの『ヘレン・ケラー自伝』の新版が続々と出版されているというのに……。日本の大人にあまり「自伝」が知られていない理由は、この国では、「ヘレン・ケラーは子ども用の読み物」というイメージが定着しているからかもしれない。

以上のような経緯があるので、今回『奇跡の人ヘレン・ケラー自伝』の新訳を上《じょう》梓《し》するにあたっては、貴重な先行訳を参考にしながらも、「大人のための翻訳」をつくることに腐心した。二十二歳の女子大生ヘレンのみずみずしい声が、直接聞こえてくるように、一般読者向けの翻訳を試みたつもりである（といっても、難解な表現は避け、小学高学年であれば十分読めるよう配慮している）。

ヘレンについては、本書を読んでいただければおわかりになると思う。そこで、自伝の背景が明瞭《めいりょう》になるよう、ヘレンの周辺の人物をふたりだけ取りあげて解説したい。

どうしても、サリバン先生のことは書かなければならないだろう。サリバン先生の存在抜きでは、偉人ヘレン・ケラーはあり得ないからだ。正式名、アン・マンスフィールド・サリバン。アニーという愛称で記憶されている方も多いだろう。一八六六年四月十四日生まれだから、ヘレンよりも十四歳年上だ。ヘレンの家庭教師として、ケラー家に来たのは一八八七年三月三日のことである。この時、アニーは、まだ二十歳の若さだった。

アニー・サリバンは、五歳の時にトラコーマを患《わずら》い、ほとんど目が見えなくなったといわれている。八歳の時に母親を亡《な》くしたが、アルコール依存症だった父親には家族を養う能力がなかった。その後、親戚《しんせき》の家を転々としたアニーは、十歳の誕生日を迎える前に、弟のジミーとともにマサチューセッツ州にある「救貧院」に送られた。残念なことに、ジミーはこの「救貧院」で亡くなっているが、当時、これらの施設が不潔で、設備が整っていなかったことが原因らしい。「救貧院」からの脱出を夢見ていたアニーは、十四歳になると、パーキンス盲学校に入学する。盲学校にいる間に二回の目の手術を受け、完全ではなかったものの、視力を回復した。そして、一八八六年二十歳の時、最優秀の成績で盲学校を卒業した。しかし、目の不自由なアニーには簡単に仕事が見つからない。そのアニーに、盲学校のアナグノス校長から、「目と耳が不自由な子どもの家庭教師をしてみないか」と声がかかるのだ。

こうして、盲聾者《もうろうしゃ》の教育経験のない、わずか二十歳のアニー・サリバンが、ヘレンのもとにやってくることになる。ちなみに、ヘレンの自伝の編集を手伝ったのは、当時「ユース・コンパニオン」誌の編集者をしながら、ハーバード大学で講師をしていたジョン・メイシー氏だった（本書の第十四章に彼の名前が出てくる）。このメイシーが、のちにサリバン先生の夫となるのだ。アニー・サリバンが三十九歳の時に、ふたりはマサチューセッツ州レンサムで結婚する。

本書が献呈されている、アレクサンダー・グラハム・ベル博士については、偏《かたよ》った情報しか伝えられていないことが多い。一八四七年三月三日、スコットランドのエジンバラ生まれ。ヘレンとは、三十三歳も年が離れている。一八七六年に、ベルが電話を発明したのは周知のことだが、博士が聴覚障害者の教育に貢献したことを知る人はあまり多くはないだろう。彼の父親はこの分野の専門家であり、ベルはボストンで聾学校も経営していた。ベルは、耳の聞こえない人たちのために、独自のフォノートグラフ――人間の声の波形を記録できる装置――を作ったが、この装置の開発が、人類の歴史を変える電話の発明へとつながるのである。つまり耳の不自由な人たちへのベルの思いが、電話機の発明を生んだといっていいだろう。

ベルの母親も妻も、耳が聞こえない聾者だった。ベルは、結婚に際して、設立したばかりの「ベル電話会社」の株を、わずか十株だけを残し、すべて妻に譲ったという。巨万の富を生むことを約束された株である。この、こころ優しいベル博士が、パーキンス盲学校のアナグノス校長をヘレンの両親に紹介し、サリバン先生がヘレンのもとへと派遣されることになるのだ。こうして運命の糸はつながっていく……。

ここでヘレンに話を戻そう。

彼女の物語は、自伝執筆後もまだまだ続く。その後のヘレンについては、*Midstream: My Later Life*（一九二九）に詳しいが、この二冊目の自伝が、いずれ新潮文庫から刊行されることを期待して、一般にはあまり知られていない二、三の事実を書き記すに留めよう。

ヘレン・ケラーは、世界各地を講演旅行したが、日本には、一九三七（昭和十二）年、一九四八（昭和二十三）年、一九五五（昭和三十）年と三回も訪れ、全国を回っている。来日中に日本の着物を着て正座するヘレンの写真も残っている。ヘレンは話すことはできても、不明瞭で、近くにいる人にしか聞き取れない小声だったらしい。講演の際は、ヘレンの隣に人が立ち、彼女の話を大声で伝えていたという。

二回目のヘレンの来日があと押しとなって、一九五〇（昭和二十五）年、日本に「身体障害者福祉法」が施行された。ヘレンは日本の障害者福祉のために、大きな恵みをもたらしたことになる。またヘレンが播《ま》いた種は、東京では東京ヘレン・ケラー協会、大阪では日本ヘレンケラー財団設立という形で実を結ぶ。両団体とも、ヘレンの思いを引きつぎ、いまもその活動を精力的に続けている。

ヘレンは、多数の著作も残している。二冊の自伝のほかにも、*The World I Live In*（一九〇八）など、現在でも英語のペーパーバックで容易に手に入るものが数多くある。

彼女は、何よりもアメリカ国内の視聴覚障害者への貢献に対して、評価されなければならないだろう。四十数年間にわたる講演活動はもちろんのこと、一九二一年に設立されたアメリカ盲人協会の資金集めのために、一九二四年からヘレンが全米を奔走したことは、よく取り上げられる事実である。

一九六四年、八十四歳の時、ヘレンの数々の功績を讃え、最高の栄誉が与えられた。アメリカ最高の勲章「自由勲章」がリンドン・ジョンソン大統領から贈られたのである。ヘレン・ケラーが亡くなったのは一九六八年六月一日。八十八歳の誕生日を迎える直前のことだった。

（二〇〇四年五月吉日）

信じること、私にできるのはそれだけ

大竹しのぶ

確か、小学校の低学年であったと記憶している。

「五分間研究」という宿題があった。

一日のうちのたった五分――。何もせず、じっとしていること。いつでもどこでもいいから一人になって、ただじっとしていること。そしてその時に考えたこと、感じたことを文章にするというものだった。

私はこの宿題が大好きだった。家族七人揃《そろ》っての夕食を終えると、私はいそいそと夏の夜の庭に一人で出ていった。当時父が教師をしていたので、私たち家族は山の頂上にある教員住宅に住んでおり、家のまわりも庭も、すべて自然に溢《あふ》れていた。

私は大きく深呼吸すると、目をつむり、夏の少し湿った空気の中に沈みこんだ。四十年近くも前のことなのに、まるで昨日のことのように思い出が蘇《よみがえ》る。

――つゆ草の匂《にお》い、手に触れる葉一枚一枚の微妙な感触、桐《きり》の木の大きな葉のざわめく音、虫の羽音。そして時折吹いてくる心地《ここち》好《よ》い風を感じながら、いろいろなことを考える。ことばや思いが次々と浮かんでくることに喜びを覚え、子供なりに安らぎさえ感じていた。

目をつむり、自然を意識することによって、有史以前の記憶、そう、ヘレンの言う「魂の感覚」が呼び起こされていった。

たった五分の暗闇《くらやみ》——。

けれど私には聴力があり、七歳の私はことばも充分理解していた。ヘレン・ケラーは七歳までことばの存在すら知らなかったのである。

一歳を過ぎた冬のある日、胃と脳の「急性鬱血《うっけつ》」で、ヘレンは視力・聴力とも失ってしまう。そして、七歳のときにアニー・サリバンという家庭教師によって、ことばの存在を知ることになる。そこまでの苦労もさることながら、ことばというものを理解してからのヘレンの生き方にもすさまじいものがある。読者はきっとその彼女の知性溢れることばに驚かされるであろう。〝ウォーター〟ということばによって初めて光を見た七歳のヘレンが、花の名前、鳥の名前、香り、そして彼女を包み込む美しい自然について、自分自身のことばで伝えるようになる。ヘレンのことばは単語から文章になり、彼女は抽象的な概念をも理解できるようになる。考える、怒る、悲しむ、愛するということばの真の意味を覚える。やがて文学を知り、歴史や複数の言語を学び、宗教を知り、思想を持つようになる。〝ウォーター〟というたった一語から始まったことばの世界が、彼女の努力により知性となり、その知性が豊かな人間性を形成し、そして崇高な目的を持つようになるということが手にとるようにわかる。その鮮やかさは、ヘレンの努力が私たち健常者の何倍にも匹敵するものだということを忘れさせてしまうほどである。

「苦しんだ一歩一歩が勝利なのだ」とヘレンは言う。彼女にとって、知識を得ることは喜びであるということがよくわかる。

そしてヘレンのそばには、いつもアニー・サリバンがいた。アニーはヘレンと一緒に教室に座り、教師のことばを一言も漏らさず、教え子の手に指文字で綴《つづ》るのである。ヘレンは自分の手の中に綴られる授業の内容を理解しようと必死になる——こういったことが、ヘレンが大人になっても二人のあいだでずっと続くのである。

私は、このアニー・サリバンを「奇跡の人」の舞台で六度演じてきた。二十歳の、盲学校を卒業したばかりのアニー。北部出身で暗い過去を持つ、しかし気の強い彼女が、生きるために初めて就いたのが、ヘレンの家庭教師としての仕事だったのである。舞台は、ヘレンが一歳半の時から始まる。目も見えず、耳も聴こえない娘を盲目的に愛する母親と、厳格な父、そして腹違いの兄。ただただ甘やかされて育ったヘレンに、誰もが手を焼き、誰もが苦しんでいた。そんな家族の中に、貧しい家の出で、かつて盲目だった、施設育ちで人を信じようとしないアニーが入り込んでいく。ヘレンに服従することを学ばせ、物には名前があり、この世にはことばというものがあることを、何度も何度も、挫折《ざせつ》しそうになりながらも教えようとする。とうとう裏庭にある井戸の前で、ヘレンが突然理解し、〝ウォー、ウォーター〟と叫び、ことばの光を見ることができるようになる感動的なシーンで幕が閉じる。

上演時間約三時間。立ったまま手づかみで食事をするヘレンを、椅子《いす》に座らせ、スプーンを持たせる格闘シーンは十五分近くあり、肉体的にも、精神的にも追い込まれる芝居だった。時々、アニーが苦しいのか、それとも彼女を演じている自分自身が苦しいのか、混乱しそうになる瞬間もあった。捻挫《ねんざ》をしたり、打撲《だぼく》のため顔が腫《は》れたり、ヘレンが私に投げつけるピッチャーの水が耳に強く入り、鼓膜に傷がつき、数日間、片方の耳が聞こえにくくなることも数回あった。新しいもの、古いもの、色とりどりの疵《きず》が体中いたるところにできる、そんな私をいつも励ましてくれることばがある。

続けること、ただ信じ続けること――

私にできるのはそれだけです。

ヘレンの内なるものが、内なるヘレンが

待ってるんだって――

どんな絶望的な状況に陥っても、アニーは挫《くじ》けず、信じ続ける。そして、それが成《じょう》就《じゅ》された時、初めて人を愛しているという喜びをアニーも感じることができるのである。

たくさんのエネルギーをヘレンからもらったアニー・サリバンのように、舞台上でアニーを演じることにより、私自身も生きてゆく力をもらっていたような気がする。

そして、この本の読者も同じように、たくさんのエネルギーをヘレンからもらうことができるのである。崇高な目的を持つヘレンの心の美しさに、読者は圧倒されるだろう。まるで、すぐ目の前にヘレン自身がいて、私たちに話しかけているようだ――考えなさい、感じなさい、目的を持ちなさい、しっかりと生きていきなさい、そして、感謝しなさい。ヘレンの生きる力が、エネルギーが、まるで私たちの血管を駆け抜けていくような錯覚さえ覚える。

本書には時々「魂」ということばが出てくる。次に書くことは、私が「奇跡の人」の芝居を通じて出逢《であ》うことができた「魂」の話である。

二年前の冬、横浜にある訓盲学院という盲学校を訪ねた時のことである。そこには何人かの三重苦の生徒さんがいた。皆やはりヘレンがかつてそうであったように、ことばの存在をまだ理解していない子供たちだった。その中の一人、三歳ぐらいの男の子の姿を見た私は、思わずその場に立ちつくしてしまった。気高い高僧のような、なんとも言えない美しいものが、その子のまわりにはあった。目も見えず、耳も聴こえず、生まれた病院からそのまま施設に来た、その小さな体を、小さな椅子に預け、ただじっと座っていた。ヘレンのように、アニーによって、《魂の生命》を掘り出されることもなく、ただじっと座っていた。

私は彼から、目をそらすことができなかった。生まれつき、目を持つことがなく生を受けた彼を、ご両親は受け入れることができず、面会に来る時も、後ろからそっとお話しするということだった。でも彼はその全《すべ》てを受け入れ感謝しているようにさえ私には見えた。

私はゆっくりと彼に近づき、手を取り、彼の小さな胸に私の胸を重ね合わせ、出てくることばを待った。

（今日はありがとう。会えて嬉《うれ》しかったです。お芝居頑張りますね。いいお芝居を作ります！　また来るね。ありがとう）

彼の小さな口が少しだけほころんだ。

彼の美しい魂に触れただけで私は幸福だった。

——自分を受け入れること

——自分を愛すること

——そして感謝すること

実は九歳だというその子とのふれあいから、私はこのことを学んだのだ。

ヘレンも多くの人に感謝のことばを捧げている。彼女はたくさんの人を尊敬し、さまざまなものを愛している。挫けそうになった時、アニーはハウ博士の本を読み、勇気を得る。盲学校の先生の愛を感じ、また頑張ろうとする。ヘレンはそんなアニーや